돈,
그 진정한 가치와
의미를 알게 될 당신에게

_____ 님께

_____ 드림

돈을 아는 여자가
아름답다

돈을 아는 여자가 아름답다

2013년 2월 18일 초판 1쇄 발행 | 2015년 7월 2일 8쇄 발행
지은이 · 윤승희

펴낸이 · 이성만

마케팅 · 권금숙, 김석원, 김명래, 최민화, 조히라, 강신우
경영지원 · 김상현, 이연정, 이윤하
펴낸곳 · (주)쌤앤파커스 | 출판신고 · 2006년 9월 25일 제406-2012-000063호
주소 · 경기도 파주시 회동길 174 파주출판도시
전화 · 031-960-4800 | 팩스 · 031-960-4806 | 이메일 · info@smpk.kr

ISBN 978-89-6570-131-6(03320)

쌤앤파커스(Sam&Parkers)는 독자 여러분의 책에 관한 아이디어와 원고 투고를 설레는 마음으로 기다리
고 있습니다. 책으로 엮기를 원하는 아이디어가 있으신 분은 이메일 book@smpk.kr로 간단한 개요와 취
지, 연락처 등을 보내주세요. 머뭇거리지 말고 문을 두드리세요. 길이 열립니다.

돈을 아는 여자가
아름답다

· 윤승희 지음 ·

쌤앤파커스

같은 돈으로 더 많은 행복을 사는,
'돈을 아는' 여자

은행에서 일하기 시작한 지도 어언 5년차. 직업 특성상 하루에도 수십 명의 고객을 만나게 된다. 그러면서 만난 대부분의 평범한 여자들은 인생에 대한 뚜렷한 이정표 없이 그저 돈을 '모으기'만 했다. 그런데 몇몇 이와는 다른 여자들이 눈에 띄었다. 무작정 돈을 모으는 게 아니라, 인생의 비전 설계에 맞추어 돈을 '관리'하는 여자들이 있었던 것이다.

그녀들은 고급스럽고 넉넉하게 소비하면서도 더 많은 부를 축적하고 있었다. 커리어 관리에 똑같은 돈을 지출하면서도 결과는 훨씬 더 돋보였으며, 현명한 소비로 인간관계를 매끄럽게 유지했다. 삶의 질도 높아 하루하루가 유쾌하고 만족스러웠다. 무작정 돈을 모으기만 하는 여자들과 똑같은 돈을 모아도 그 돈이 발휘하는 힘이 달랐다. 즉 그녀들은 '같은 돈'으로 더 많은 행복을 사고 있었다.

똑똑하게 소비하고 현명하게 인생을 가꿀 줄 아는 그녀들을 만나게 되면서, 퇴근길마다 이런 생각을 했다.

'내가 2~3년만 더 빨리 그녀들을 알았더라면……!'

그래서 단순히 CMA통장 몇 개 만들어놓고 돈에 대해 퍽 잘 안다고 자만하지 않았더라면 재테크에 좀 더 빨리 눈을 떴을 것이고, 매사에 더 똑똑한 선택을 했을 것이며, 그랬다면 내 20대는 좀 더 당당했을 것이라는 아쉬움이 밀려왔다. 이미 대학원을 졸업하고 직업까지 선택하고 나서야 그녀들을 만난 게 억울하다는 생각이 들기까지 했다. 하지만 지나가버린 시간을 되돌릴 수는 없는 법. 나는 그녀들의 특징에 대해 열심히 공부하기 시작했다. 그녀들에게 직접 묻고, 또 묻고, 그게 안 되면 옆에서 센스 있게 보고 배웠다. 그리고 그것들을 온전히 내 것으로 받아들여 적용해보면서 하나하나 그녀들의 장점만을 골라 익히기 시작했다.

그녀들을 알게 되며 눈을 새롭게 뜨고 보니, 그 전에는 몰랐던 것들이 보이기 시작했다. 세상은 상당 부분 돈을 잘 관리하고 현명하게 소비하는 여자에게만 유익하게 굴러가고 있었다. 돈과 행복은 떼려야 뗄 수 없는 관계임을 인지하고, 돈을 배척하거나 혹은 지나치게 추종하지 않아야 불이익을 보지 않음을 발견했다.

물론 돈이 많다고 해서 꼭 행복한 것은 아니다. 통장에 잔고가 늘어갈수록 그 돈을 어떻게 불릴까 고민하다가 더 빨리 늙는 여자들도 많다. 하지만 내가 만난 '돈을 아는 여자들', 즉 돈에 관심을 가지고 주도적으로 이를 관리하며 책임지는 여자들은 대부분 그렇지 않았다. 그녀들은 돈을 대하는 태도처럼 인생을 대하는 태도 역시 적극적이고 주도적이었으며, 그러한 덕분에 멋지고 행복한 삶을 꾸려가고 있었다. 이는 내가 서른 살이 되기 전까지 돈과 행복을 별도로 분류해 생각하던 때에는 미처 깨닫지 못했던 것이다.

나는 재테크, 결혼, 연애, 공부, 커리어 등 행복한 삶을 살기 위해 여러 가지를 고민하는 또래 여자 친구들에게 그녀들의 이야기를 들려주었다. 그녀들은 놀라운 반응을 보였다. "왜 이걸 이제껏 너만 알고 있었어!" 한 후배는 이전에는 절대 생각지도 못했던 관점이라며, 자기에게 이런 이야기를 들려주어 무척 고맙다고 몇 번이나 인사를 했다. 그런 후배를 보자 '그녀들'을 만나기 전 내 모습이 떠올랐다.

이것이 바로 내가 글을 쓰게 된 이유다. 세상에 첫발을 내딛는 20대 초중반 여성들에게는 전략적인 자기투자로 더 나은 커리어를 설계하는 기반을 만들 수 있도록 하고, 생각보다 적은 월급에 재테크와의 힘겨운 싸움을 하고 있는 30대 여성들에게는 똑같은 돈으로도 더 많은 행복과 여유로움을 찾는 데 조금이나마 도움이 되었으면 좋겠다. 돈을 더 잘 알고 활용하여 커리어를 높이고, 행복한 삶을 살기 바라는 대한민국

20~30대 여성들이 이 책을 통해 더 높은 성공 확률에 배팅할 수 있는 눈이 뜨이길 소망한다. 그리고 그녀들의 꿈이 반드시 이루어질 수 있기를 온 마음을 다해 응원하고 싶다.

모든 여자들이 여우같이 현명해지길 바라며,

윤승희

contents

chapter 3

사람이 가장 큰
재산이다

●

chapter 4

은행에서 만난
진짜 부자 여자들

●

chapter 1

돈이 많다고 해서 그 사람이 꼭 행복한 사람인 것은 아니다. 통장에 잔고가 늘어갈수록 그 돈을 어떻게 하면 두 배 세 배로 더 불릴까 고민하다가 더 빨리 늙는 여자들이 있다. 그렇다고 부모님이나 남편이 주는 용돈에만 만족하면서 산다는 것은 세상이 어떻게 돌아가는지도 모르는 경제 바보가 되는 지름길이다. 현재 가지고 있는 수입을 적절히 운용하며 꿈을 향해 한 발 한 발 내딛으며 밝고 긍정적으로 사는 여자들이 분명 많이 있다. 그런 여자들은 대개 자신이 꿈꾸었던 것을 하나도 빠짐없이 모두 이루고야 마는 대단한 여자들이다. 이들이 어떻게 수입과 지출, 그리고 자신의 인생을 관리하는지 지켜보는 것만으로도 우리에게 많은 도움이 될 것이다.

돈을 정복하는
여자가 될 준비를 하자

오늘 가장 웃는 자는
최후에도 역시 웃을 것이다.

• 니체 •

돈이 많은 여자가 되기보다는
돈을 잘 굴리는 여자가 되어라

풍족하지 못한 환경에서 결혼생활을 시작하여 새벽부터 밤까지 일하며 목돈이 생길 때마다 부동산에 투자했던 A씨는 은행의 VIP 고객이다. 우연히 그녀를 본 주변 사람들은 그녀에게서 눈을 떼지 못한다. 미용실에 간 지 반년은 된 듯한 헤어스타일, 아들 옷을 꺼내 입고 나온 듯한 파란색 삼선 점퍼와 푸석푸석한 피부. 수 천 만 원에 불과했던 작은 땅이 수억이 되었을 때 건물을 샀고, 그 건물이 현재는 30억 원을 호가하지만, 여전히 방 2개짜리 소형 빌라에 거주한다. 한 집안의 며느리로서 아내로서 엄마로서 생계를 책임지면서 안 해본 일이 없을 정도로 힘들게 살아온 그녀의 부지런한 삶은 존경받아 마땅하나, 정작 눈길을 끄는 것은 그녀의 일상이다. 자녀도 출가시키고 이제 50대 중반을 넘어서며 인생을 즐길 나이이건만, 평생 취미생활 한번 안 해본 그녀는 시간이 남아도 딱히 할 것이 없다. 돈 쓰는 것이 아까워 사람들을 만나는 것을 꺼리다 보니 이제는 만나자고 연락할 사람도 연락을 주는 친구도 없는 것이다.

추측컨대 그녀가 부자가 될 수 있었던 것은 십 원 한 푼도 허투루 쓰지 않고 근검절약하며 살아온 보상일 것이다. 그녀는 비록 외관도 사는 모습도 풍족해 보이지 않지만, 통장잔고와 건물 공시지가를 매일 점검하며 마음 가득 풍족함을 느끼고 있는지도 모른다. 취미생활이나 여행, 좋은 사람들과의 다양한 교류를 통한 감정적인 행복감보다는 물질적인 행복감으로부터 몇 배 더 만족감을 얻는 천성일지도 모른다. 그렇지만 다양한 전제를 추정해보아도 그녀에게 던지지 않을 수 없는 의문이 하나 있다.

"당신은 왜 돈이라는 테두리에 갇혀 한 번뿐인 귀중한 인생을 홀대하는가?"

돈이란 다른 가치보다 물질적 가치를 추구하는 사람들에게 많이 모이기도 하지만, 다른 가치를 위하여 물질적 가치를 적절히 활용할 줄 아는 사람에게 더 많은 기회를 제공한다. 꿈이 있는 여자들은 목표를 이루기 위하여 돈을 모으고 결국 '꿈과 돈'을 모두 두 손에 쥐게 된다. 그런데 중요한 사실은 물질만능주의 사회가 되면서 나이가 들수록 돈 자체가 목표로 변질되어 인생의 다른 소중한 가치들을 돌보지 못하게 된다는 것이다.

나의 삶을 '꿈과 돈'이라는 두 마리 토끼를 모두 갖춘 인생으로 만들기 위해서 내가 제일 먼저 해야 할 일은 '나의 꿈이 무엇인지'부터 정립하는 것이다. 어떠한 경우에도 돈이 당신 삶의 최고선이 되도록 하지 말라. 돈을 잘 모으고 굴리는 방법에 대한 책들은 서점에 셀 수 없이 많다. 그러나 돈을 모으는 목표는 결국 내 삶을 좀 더 풍요롭게 만드는 데 바탕을 두어야 한다. 먼저 나를 분석하고 내가 언제 행복한 여자인지를 진지하게 고찰하며 매 순간 삶의 목표를 향하여 나가는 여자들은 결국 재테크에도 성공하게 되어 있다. 그런 자기분석 없이 모이는 돈은 결국 일평생 한 번 의미 있게 써보지도 못하고 언젠가는 사라져버리는 종이쪼가리에 불과하다.

출산과 동시에 직장을 그만둔 지 4년이 되어가는 K양은 둘째를 임신한 지 3개월임에도 불구하고 대학생처럼 보였다. 다리 라인에 쫙 맞는 청바지에 쇄골이 보이는 하얀색 풍성한 블라우스를 입고 머리도 아침마다 예쁘게 손질하여 세팅하고 다녔다. 그녀가 그리는 그녀의 미래는, 가족이 모두 행복하고 건강할 것, TESOL대학원을 졸업하여 회사 다닐 동안 꿈꾸었던 작은 영어 학원을 운영하는 것, 틈틈이 가족들과 함께 여행을 다니며 아름다운 추억을 쌓는 것이었다. 그녀의 남편은 평범한 샐러리맨으로서 현재 연봉이 많지 않았다. 그러나 남편이 가져다주는 월급을 전세 값이 올랐을 때를 대비한 통장, 그녀의 대학원 등록금을 모으기 위한 통장, 첫째와 둘째 교육비와 병원비를 대비한 통장, 크리스마스에 가족이 놀러갈 제주도 펜션과 여행비를 위한 통장 등등으로 나누어 매직으로 크게 통장 위에 목표를 써놓고 종종 은행을 찾았다. 통장잔고가 한 자릿수 올라갈 때마다 그녀는 큰 기쁨을 느꼈다. 10년 후, K양은 10년 전과 다름없이 아름다웠다. 아니, 얼굴에는 미소가 가득한 것이, 누가 봐도 아름다운, 참 행복한 여자처럼 보였다.

그 사이 인기 많은 지역 아파트 청약에 당첨되어 집을 한 채 장만하였고, 대학원도 우수한 성적으로 졸업하여 영어 공부방을 시작했다. 싹싹하고 적극적인 그녀의 수업이 입소문을 타면서 웬만한 대기업 사원들의 2배에 해당하는 수입을 얻고 있었다. 항상 밝고 긍정적인 아내의 내조에 힘입은 남편도 회사에서 승승장구하며 승진을 거듭하고 있다는 것은 소문으로 알 수 있었다. 꿈을 향해 다가가는 하루하루의 과정이 그녀에게는 충분한 행복을 가져다주었다. K양의 미래는 아무 생각 없이 돈을 모으기만 하거나 혹은 돈을 흥청망청 소비하기만 하는 그냥 그런 여자들의 미래와는 색깔이 확연히 달랐다. 그녀는 진심으로 충실하게 자신의 삶을 살아내고 있었다.

돈이 많다고 해서 그 사람이 꼭 행복한 사람인 것은 아니다. 통장에 잔고가 늘어갈수록 그 돈을 어떻게 하면 두 배 세 배로 더 불릴까 고민하다가 더 빨리 늙는 여자들이 있다. 그렇다고 부모님이나 남편이 주는 용돈에만 만족하면서 산다는 것은 세상이 어떻게 돌아가는지도 모르는 경제 바보가 되는 지름길이다. 현재 가지고 있는 수입을 적절히 운용하며 꿈을 향해 한 발 한 발 내딛으며 밝고 긍정적으로 사는 여자들이 분명 많이 있다. 그런 여자들은 대개 자신이 꿈꾸었던 것을 하나도 빠짐없이 모두 이루고야 마는 대단한 여자들이다. 이들이 어떻게 수입과 지출, 그리고 자신의 인생을 관리하는지 지켜보는 것만으로도 우리에게 많은 도움이 될 것이다. 우리는 행복한 삶을 살아내겠다는 목표를 마음속에 깊이 심어놓고 더 많은 성취를 이룰 수 있도록 자산을 관리해나가야 한다.

이 책은 똑같은 돈으로도 더 커리어관리를 잘하고 행복한 가정을 꾸리며 인생을 업그레이드 해나가는 현명한 여자가 되도록 돕기 위해 쓰였다.

20~30대에 돈을 알아야
40~50대에 경제권을 쥘 수 있다

　　L씨는 항상 남편과 함께 은행에 들른다. 기념품 제조업체를 운영하는 젊은 사업가인 L씨의 남편은 대출을 받거나, 예금을 가입할 때에 항상 L씨의 의견을 전적으로 참고한다. 사업을 관리하고 운영하는 건 모두 남편의 몫이었고, L씨는 집안에서 가사활동을 하며 자녀를 양육할 뿐이었지만, 모든 경제권은 그녀가 가지고 있었다. 보통 사업을 운영하면 돈 관리는 남편이 하는 경우가 대부분인지라, 이들 부부의 모습을 의아하게 보아오던 J팀장은 남편에게 물었다.

　　"도대체 살림만 하는 부인과 항상 은행에 같이 와서 상담을 받는 이유가 무엇입니까?"

그런데 J팀장의 뜬금없는 질문에 남편은 그것도 모르냐는 얼굴로 되물었다.

"아내가 나보다 재테크 실력이 훨씬 탁월하니까요. 처음 결혼했을 때부터 가계부를 써가며 집안 살림을 훌륭하게 꾸려나갔어요. 회사를 차린 후에도 회계며 세무 같은 문제들을 미리 준비해서 얘기해주곤 했지요. 매일 아침 신문을 읽으며 경제시황도 꼼꼼히 체크해서, 펀드며 주식으로 손해본 적도 없어요. 아내 말 잘 들으면 자다가도 떡이 나온다는 말이 괜히 나온 게 아닙니다. 허허."

J팀장은 항상 남편 옆에서 가만히 이야기를 듣기만 하던 L씨가 새삼 다르게 보였다. 두 부부가 늘 손을 꼭 붙잡고 다니고 서로를 먼저 배려해주는 모습이 사랑을 넘어선 존경의 차원임을 알 수 있었다.

L씨의 남편만큼 큰 규모의 사업을 운영하는 30대 O씨는 지난 주 3,000만 원의 대출을 받았다. 그리고 한 달 만에 대출을 완제하러 왔다. 이미 5억여 원의 넉넉한 통장 잔고가 있는데 굳이 3,000만 원을 대출받고 중도상환수수료를 감내하며 한 달 만에 완제하는 것을 의아하게 여긴 대출과장이 O씨에게 이유를 물었다. 대답은 아내에게 차를 사주기로 했는데 대출도 안 받고 그냥 사주면 내가 돈이 퍽이나 있는 줄 알고 또 다른 것을 사달라고 할까 봐 일부러 돈이 없는 척하느라고 대출을 받았다는 것이다. O씨의 부인은 결혼 후부터 죽을 때까지 남편이

쌓은 담에 의하여 경제적으로 철저하게 소외당하며 살아갈 것임이 자명했다. 자동차가 생겨서 일순간은 기쁠지 모르겠지만 그녀의 삶이 결코 행복해 보이지 않았다. 그러나 상황이 이렇게 된 것을 모두 O씨의 탓으로 돌리는 것 또한 무리가 있어 보였다. 상황이 이 지경이 될 때까지 그의 부인은 경제적 부분에 관하여 어떠한 태도와 행동을 취해온 것일까?

제대로 재테크 공부를 해보지 않은 여자더라도 뉴스에서 주가가 고공행진을 하여 연간 펀드수익률 평균이 30퍼센트를 상회하고 있다든지, 강남 보금자리 아파트가 높은 경쟁률에 청약이 마감되었다든지, 금값이 신고가를 갱신하며 고공행진을 하고 있다든지 등의 이야기를 들으면 솔깃해져서 재테크에 관심을 갖는다. 요즘 20대와 30대들은 높아진 교육수준과 정보수집능력, 그리고 돈에 대한 현실적인 관심이 많아졌지만 어디까지나 '예전에 비해서'일 뿐이다.

은행에 내점한 젊은 여자 고객들과 이야기를 나누다 보면 아직도 적금과 예금의 금리차이를 구분하지 못할 뿐더러 재테크 공부하는 것을 귀찮아하고 있다는 사실에 가끔 놀라곤 한다. 좋은 회사에 취업하여 높은 연봉만 받으면 일단 된 것이라는 안도를 하는가 하면, 운이 좋으면 혹시 결혼만으로도 인생역전을 할 수 있지 않을까, 미약한 희망을 품어보기도 한다.

그러나 '돈을 잘 관리한다'는 것은 '내 삶을 잘 관리한다'는 것을 의미한다. 철저히 자신의 인생을 구체적인 계획 하에 운용해나가는 것이며, 내 삶이 돈에 쫓겨 끙끙거리게 내버려두지 않고 철저히 '꿈과 행복'에 맞추어 관리해나가는 것을 의미한다. 이는 비단 나만의 인생 뿐만이 아닌 가정생활에도 직결된다. 돈에 질질 끌려 다니다가 어쩔 수 없이 재테크 공부를 시작하는 것보다는 일찌감치 경제적 감각에 눈을 뜨고 내 삶을 업그레이드시켜 나가는 것이 수백, 수천 배 현명한 일임을 잊지 말자. 무엇보다 20, 30대에 돈의 본질을 꿰뚫는다는 것은 무척 신나는 일이다. 20, 30대는 해보고 싶은 것도 많고, 가보고 싶은 곳도 많고, 느끼고 싶은 것도 많은 나이다. 돈이라는 현실의 주인이 되어 내가 목표한 꿈을 모두 이루어 행복하게 살 수 있는 가능성이 그만큼 많은 시기다.

이것이 20, 30대에 돈의 가치를 정확히 이해하면 40, 50대에 돈 때문에 고민하거나 소외 받는 일이 없어지는 이유이다. 20, 30대 여자라면 재테크에 실수하여 실패하더라도 이 경험을 발판으로 삼아 더 큰 성공에 도전할 수 있다. 결혼 전에는 본인이 모은 자산을 운용해나가는 과정을 통해 한층 더 책임감을 갖고 성숙해질 수 있다. 결혼 후에도 남편에게 가계를 일임하지 않고 적극적으로 관여하며 가족의 행복을 스텝업 시키는 멋진 아내, 멋진 엄마, 그리고 멋진 나 자신으로 살아갈 수 있다. 단, 다른 여자보다 일찍 돈에 눈을 뜰 경우에만 말이다. 이제 젊었을 때부터 돈을 소중히 여기고 공부하는 젊은 여자들을 일부 순수하지 못한 된장녀로 매도하는 말도 안 되는 편견에 휘둘리지 마라. 된장녀란 꿈도 목표도 없이 단순히 남에게 보이기 위하여 돈을 마구잡이로 소비하는 여자를 의미한다. 돈에 대한 당신의 표리부동한 애매한 입장을 홀가분하게 털어버리기 바란다. 나의 행복을 위하여 가진 돈을 잘 운용하고 조금씩 불려나가며 이와 함께 내 삶도 점점 발전된 방향으로 나아가도록 고도로 집중한다는 것은, 당신이 당신 자신에게 줄 수 있는 가장 큰 선물이다.

돈에 관한
이중적 잣대를 버려라

　I는 어려운 집안 환경 속에서도 꿋꿋하게 공부를 열심히 하여 소위 명문대라고 불리는 K대학의 경제학과를 장학생으로 졸업했다. 비슷한 환경 속에서 자란 또래친구들과만 어울리고 친척들도 형편이 다 비슷했던 I가 드라마에서나 보던 부유한 가정의 삶을 들여다보게 된 건 졸업 후 고시를 준비하며 틈틈이 과외 아르바이트를 하던 1년 전부터였다.

　과외 사이트에서 소개를 받아 찾아간 학생의 아버지는 소위 잘 나가는 변호사였다. 학생은 사립초등학교를 졸업하고 외국어고등학교 입학을 준비하고 있다고 했다. I는 처음에 과외를 맡을지 말지 고민을 하였다. 다른 과외 자리보다 확실히 보수가 높기는 하지만, 학생 어머니들 때문에 그동안 스트레스를 많이 받아본 I는 왠지 이 학생의 어머니는 드라마에 나오는 사모님들처럼 성격이 무척 까다롭고 피곤할 것 같다는 느낌이 들었다. 부족한 것 없이 자란 학생마저 성격이 모가 났다면 아무리 보수가 높아도 맡고 싶지 않았다. 지금 제일 중요한 것은 고시 공부였기 때문에 몇 푼 더 벌겠다고 괜한 스트레스를 받고 싶지도 않았다. 얼마 전에 전문직을 가진 남자와 돈 많은 여자의 결혼이 결국 돈 때문에 파탄 났다는 기사를 접한 뒤였기에 편견은 더욱 심했다. 좋은 차와 멋진 집을 갖고 있을지 모르나 실제로는 심각한 가정불화 때문에 삭막한 집안 분위기가 예상되었다.

　그러나 학생의 집에 방문한 첫 날 그녀의 선입견은 산산조각이 났다. 학생은 겸손하고 공손했으며 학생의 어머니는 따뜻했다. 집안 인테리어와 제공되는 간식은 정갈했지만 결코 사치스럽지 않았다. 무엇보다 행복의 기운이 감돌았다. 아내에게 돈 봉투나 휙 던져주고 가정 일에는 무관심할 것 같았던 학생의 아버지는 퇴근길에 가족들 먹으라고 맛있는 케이크나 빵 봉지를 격일로 사들고 들어왔다. 학생도 비싼 옷이나 게임기 같은 것보다는 색색깔의 펜을 사며 무척 행복해했다.

　드라마나 영화를 보면 대개 돈이 많고 부유한 집은 이기적이고 건방지며 가정불화가 심하고, 부유하지 않은 집은 단란한 대가족을 꾸리며 행복이 넘쳐나곤 한다. 전설적인 주식투자가로 유명한 인물들의 말로

가 권총자살이라든지 거액의 복권에 당첨된 후 몇 년 만에 파산하는 당첨자들의 일화는 종종 인용된다. 그래서 돈과 행복의 관계는 반비례라고 생각하기 쉽지만 결코 그렇지 않다.

돈이 많아도 겸손하며 행복이 충만한 삶을 살아가는 사람들은 얼마든지 있고 돈이 많지 않음에도 불구하고 거만하며 불행한 삶을 살아가는 사람들도 세상에 얼마나 많은지 모른다. 20, 30대에 이 관계를 정확히 인지하고 파악한다면 그녀는 이미 행복한 부자가 될 자격이 충분히 있는 여자이다.

당신의 입으로 "나는 행복이 중요하기 때문에 돈은 필요 없다."라고 말할지도 모르지만 이런 말은 함부로 하는 것이 아니다. 말은 생각을 지배하고 생각은 행동을 유도하기 때문이다. 그것은 앞으로 가질 수 있는 무한한 기회들을 닫아두고 현재의 상태에서 답보하겠다는 의미이다. 재정이란 불리지 않으면 줄어들기 때문에 결국에는 현상 유지도 힘들게 된다. 돈을 불행의 씨앗이라고 생각하는 여자에게 돈은 늘 불행이 되고, 행복의 씨앗이라고 생각하는 여자에게 돈은 늘 행복이 된다.

영국의 심리학자 대니얼 네틀Daniel Nettle에 의하면 행복에는 3단계가 있다고 한다. 행복의 1단계란 우리가 현재 만끽하는 즐거움, 기쁨, 목표를 성취했을 때 느끼는 성취감이다. 특히 좋은 차를 갖고 싶어 마침내 나의 차를 가졌을 때의 쾌감이나 넓은 평수의 아파트로 입주했을 때의 기쁨 등 원하는 것을 가졌을 때의 행복을 말한다. 행복의 2단계란 우리 삶 전체의 행복감과 관계가 있다. 자신의 삶을 돌아보면서 전반적인 만족감을 느낄 때 혹은 노년에 느끼는 삶에 대한 흡족감이다. 행복의 3단계는 나만의 고유한 소명을 찾아 자아실현을 하게 될 때의 행복이다. 행복의 3단계를 모두 실현하려면 그 수단이 되는 돈을 배척해서는 안 된다. 특히 3단계의 자아실현을 위해서는 그에 걸맞은 자기투자가 선행되어야 한다. 궁극적으로는 나를 통해 세상이 더 행복해지는 계기를 만들 때 자아실현의 가치는 배가 된다.

20, 30대의 가장 큰 장점 중의 하나는 아직 능력을 다 발휘하지 않았기 때문에 결국 행복의 1, 2, 3단계를 모두 성취할 수 있는 가능성이 열려 있다는 것이다. 수많은 20, 30대 여자들이 돈이 내 마음대로 쉽게 모이지 않는 시점부터 돈과 행복은 직접적인 연관이 없다는 잘못된 확신을 가지고 돈을 배척한다. 그리고 '나는 돈이 아닌 행복만을 추구하며 살 것이다.'라고 다짐한다. 그러나 자신의 인생을 성공적으로 잘 살아내는 여자들은 행복의 1, 2, 3단계를 실현하는 데 돈이 필요함을 인정하고 적절히 이용하기 위하여 노력한다. 막연히 행복해지고 싶다는 생각을 하면서도 돈을 배척하는 사람들은 돈을 어떻게 이용해야 하는지 그 방법을 모르기 때문에 그러는 것이다.

행복과 돈을 모두 갖기 위해서는 돈에 관한 긍정적인 인식과 행복에 대한 간절한 의지가 모두 필요하다. 행복한 여자란 돈에 대한 어떠한 인식도 없고 더 나은 삶을 위해 최소의 노력도 하지 않으면서 저절로

모든 것을 다 갖는 여자가 아닌 것이다. 설사 그런 결과를 얻었다 하더
라도 그것은 금방 허물어지는 신기루일 뿐이다.

당신의 외양과
태도부터 바꾸어라

　　몇 달 전에 평소 친하게 지내던 고객이 평소와는 다르게 무척 화려한 샤넬풍 원피스에 진주 악세서리로 치장을 하고 머리도 예쁘게 드라이를 하고 찾아왔다. 부동산 대학원에 재학 중이던 늦깎이 여학도였는데 수수한 남방에 청바지를 즐겨 입던 그녀인 줄 알아보고 깜짝 놀랐더니 오늘 특별한 모임이 있어서 가는 길이라고 말해주었다. 그녀의 말이, 대한민국의 부동산 베테랑들만 모인다는 소수 VIP 클럽에 교수님이 특별히 초청해주어서 처음으로 참석할 수 있게 되었단다.

　　"그냥 평소 입고 가던대로 가려고 했는데요, 교수님이 오늘 하루를 위해서라도 꼭 근사한 정장과 가방을 준비하라고 그러셔서요."

"교수님이 그런 말씀을 하셨어요? 그래도 아직 학생인데…… 왜요?"

"그게 바로 더 발전된 삶을 살 수 있는 태도라고요."

보수적인 대학원 학풍에서 '학생은 학생답게 입어야 한다.'라고 완고하게 주장하실 만한 교수님의 특별한 당부가 특이해서 '그럴 필요까지야.'라고 생각했지만, 퇴근길에 다시 생각해보니 정말 맞는 말 같았다.

자신의 수입이나 분수에 맞지 않는 고급 옷과 비싼 차를 몬다고 해서 모두 다 허세를 부리는 것은 아니다. 무조건 남들보다 좋은 옷, 차, 집을 소유해야만 만족하는 허영남, 허세녀들이 있고, 자신의 꿈과 부를 위하여 의도적으로 투자를 하는 투자가들이 있다. 자기만족을 위한 허세는 자기주관의 부재로 인한 심리적인 빈곤함을 채우는 일이다. 그러나 투자를 위한 허세는 더 나은 내일을 위한 기회를 만드는 것이다. 앞에서는 '된장녀'의 느낌이, 뒤에서는 '투자가'의 면모가 보인다.

다니엘 헤머메시Daniel S. Hamermesh의 연구에 따르면 옷과 화장에 신경 쓰지 않으며 외모가 매력적이지 않은 사람은 평균 외모를 지닌 사람에 비하여 심지어 연봉마저 평균 5~10퍼센트 정도 낮게 받는다고 한다. 그런데 돈도 없으면서 좋은 양복을 입고 좋은 차를 몰고 비즈니스 세계로 나아가는 사람들을 깡통남, 혹은 깡통녀라며 혐오스럽게 바라보는 경우가 많다. 자기가 가진 것만큼만 외양을 치장해야 진실하다고 본다. 이와는 반대로 냉혹한 비즈니스 세계에서 후줄근하게 차려입고 후줄근한 차를 몰고 가면 철저하게 소외시키며 고급 정보도 공유하지 않는 경우를 너무나 흔히 볼 수 있다.

물론 앞의 교수님은 자신의 대학원 조교가 고급 비즈니스 세계에서 소외당하기보다는 좋은 정보와 인맥을 얻는 계기를 갖기 바랐을 것이다. 그리고 청바지에 티셔츠보다 멋진 투피스와 근사한 가방이 그 가능성을 더 높여줄 것이란 것을 파악하고 있었다. 실제로 나의 고객은 모임을 통해서 부동산 불황 속에서도 홀로 상승세를 타는 지역에 관한 정보만 쏙쏙 잘 알아왔다. 그 모임에서 만난 인맥을 통해 알게 된 더 많은 사람들을 통해서 전국적인 정보망까지 갖고 있었다. 그녀가 그 모임에 화려한 치장을 하고 갔다고 해서 그녀를 '된장녀'라고 부르는 사람은 아무도 없었다. 심지어 그녀의 교수님마저 그녀의 카멜레온 같은 변신을 극찬했다.

일반적으로 자신에게 있는 것을 모두 내보이는 진실한 사람만이 성공한다고 생각된다. 드라마에는, 아무것도 가진 것 없는 여주인공의 당당함에 매료된 재벌남과의 결혼이라는 신데렐라 스토리가 판을 친다. 그러나 '동정을 하려거든, 돈으로 주세요.'라고 냉혹한 현대사회를 비꼬며 풍자한 어느 희극인의 대사처럼 가난을 내보이면 오히려 부와 멀어지게 되는 걸 흔히 볼 수 있다. 남루한 옷차림으로 격식을 중요시 여기는 모임에 참여하는 여자는 솔직하고 정직하다는 이미지를 갖기보다는 센스가 부족한 비호감의 여자로 전락하기 쉽다. 굳이 고급 모임뿐만이 아닌 일반적인 생활에서도 비슷하다. '나는 내 형편에 맞지 않는 삶의 모양새를 만드는 거짓인생을 살고 싶지 않아.'라고 순수함을 강조해 보지만 이러한 생각은 결국 나를 현재의 수준에 머물게 할 뿐이다. 나는 늘 진실하고 참되게 살아왔는데 왜 나에게는 뜻밖의 행운이나 기회가 오지 않을까, 고민해봤자 늘 그 자리에 머무를 뿐이다.

이미 많은 부와 명예를 소유하고 있다면 고급스런 모임 자리에 소박하고 수수하게 입고 나가도 더 많은 존경을 이끌어낼 수 있다. 그러나 이것은 내가 을이 아닌 갑의 위치에 있을 정도의 지위를 가졌을 때에만 적용되는 것이다. 진정 수수한 아름다움의 자태를 뽐낼 수 있으려면 먼저 나 자신의 사회적, 인격적, 경제적 위치를 탄탄히 해놓아야 한다.

우리가 가장 먼저 주의해야 할 것은 어떻게 하면 내가 원하는 만큼의 부를 축적하고 내가 꿈꿔왔던 미래에 다가갈 수 있는지 현실적인 계획을 세우는 것이다. 드라마나 영화 같은 허구적인 신데렐라 스토리에 빠져 있다면 하루라도 빨리 빠져 나와야 한다는 것을 잊지 말자.

대한민국에서 가장 큰 그룹인 S그룹의 고 L회장님은 한창 사업이 어려울 때 최고급 승용차를 타고 비즈니스 거래를 성사시켰다. 세계 최고의 부호였던 아리스토텔레스 소크라테스 오나시스도 빈털터리던 청년 시절 자신의 월급을 탈탈 털어서 고급 레스토랑을 다니며 묵상에 잠겼다. 세계적인 화장품 회사로 손꼽히는 에스티로더사의 회장인 에스티로더도 빈민가 출신인 자신의 과거를 본인 스스로도 망각할 정도로 철저하게 외면하고 새로운 삶을 개척했다.

스스로 부자가 되고 싶단 목표가 있다면 '부'에 다가가는 방법을 정확히 알아야 한다. 멀리서 멀찌감치 쳐다보는 것이 아닌 적극적으로 그들의 리그로 들어가야 한다. 그러기 위해서는 나의 내면과 주관은 확고히 하되, 외면은 리그에 맞는 유니폼과 장비를 갖추어야 한다. 이러한 과정을 귀찮아하는 여자는 고급 비즈니스 정보에서 늘 철저하게 소외당할 수밖에 없다. 더 빨리 부를 획득할 수 있는 대안을 찾지 않기 때문이다. 이 와중에도 주말 저녁 드라마에 푹 빠져 '훤칠한 외모의 본부장님이 여주인공에게 청혼하는 기적이 나에게도 혹시나 일어나지 않을까?' 만분의 일의 확률로 기대를 걸어보곤 한다. 이런 드라마를 보고 함께 즐거워하는 사람들과의 대화로 일상을 채우고 있다면 그 삶에는 특별한 비전도 발전도 없다.

부자가 되고 싶다면 바로 지금 이 순간 당신의 생각과 태도를 바꿔라. 부란 한번 평행선을 이루면 죽을 때까지 멀찌감치 평행선에서 끝나고 마는 것이다.

젊어서는 사서 고생
절대 하지 마라

결국 최종 목표는 행복이다. 돈을 벌어도, 결혼을 해도, 직장을 구해도, 처음에는 이런저런 조건을 중요시하지만, 결국에는 행복하지 않으면 아무 소용이 없다. 이것은 조건이 전혀 중요하지 않기 때문이 아니라, 정신적으로 행복하지 않으면서 물질적인 것으로만 충족된 인생은 결국 행복을 찾아 끊임없이 방황하게 되어 있기 때문이다. 특별할 것 없는 이야기이지만, 행복이란 우리가 추구하는 삶의 최종목표가 되어야 한다.

그럼에도 불구하고 20, 30대 여자들은 아직 행복과 현실을 동일시시키려는 노력이 부족한 것 같다. 특히 당장 필요한 생활비와 용돈을 마련하기 위하여 직장을 구하는 여성들 중에 자신의 행복을 실현시켜줄 일자리를 목표로 찾는 여자들은 가뭄의 콩 나듯 보았다. 물론 아무런 일자리를 하나 구하는 것도 말로 표현할 수 없이 어렵다는 것을 나는 잘 안다. 이 와중에 행복과 연관된 직장을 구하라는 것이 귀신 씨나락 까먹는 소리처럼 들릴 것이 분명하다.

당신은 일을 하면서 일단 이번 달 생활비를 충당하고 용돈을 벌어서 몇 년 뒤 목돈을 모으게 되면, 그때는 지금과는 전혀 다른 행복한 미래가 펼쳐질 것이라는 희망을 품고 있지 않은가? 지금은 나비가 되기 위한 애벌레의 과정일 뿐이라고 스스로를 위로하며 격려하고 있지는 않은지.

문제는 당신이 천재적인 아이큐를 가지고 있거나, 우리나라의 상위 1퍼센트의 클래스에 속하는 귀족이 아닌 이상은 신데렐라처럼 뿅하고 갑자기 변화하는 삶의 기회는 없다는 것이다. 수많은 성공한 여성들의 자서전과 무용담을 통해서 열심히 고생하고 노력해서 인생을 개척해나간 여자들을 알고 있다고 반문하겠지만, 그녀들은 작은 일자리 하나라도 그녀들의 행복과 비전에 맞추어 치밀하게 설정하고 준비했단 것을 알면 아마 깜짝 놀랄 것이다. 우연치 않게 본인의 비전과 별 관련이 없는 직장을 만나게 되었다 하더라도, 결국 자신의 꿈에 맞게 요령껏 맞춰나가는 현명함도 발휘했다.

신춘문예 등단을 꿈꾸는 작가지망생인 D는 얼마 전 일자리를 구하기 위하여 거리에서 배부하는 구인광고 신문을 눈이 뚫어져라 탐색했다. 졸업 후에도 부모님께 의지하며 방에서 글만 쓰는 것이 죄송스러워서 열심히 찾아보았지만 젊은 여자가 할 수 있는 것은 별로 없었다. 글도 쓸 수 있고 돈도 벌 수 있는 독서실 총무 같은 것도 남자가 우선이었고, 몸은 고생하나 시급은 높은 신문이나 우유배달, 식당일 같은 것마저 아저씨나 아주머니들이 먼저였다. 고상하게 일하며 돈도 벌 수 있는 과외 아르바이트 사이트에 개인 프로필도 올려봤지만 경쟁이 심한지라 연락도 오지 않았던 것이다. 평소 긍정적이고 낙천적인 D였지만 돈은 떨어지고 마음고생을 심하게 하자 상상 이상으로 힘들었다. 그러던 중 대학가 앞의 여성용 플랫슈즈화점에서 직원을 모집한다는 광고지를 보고 당장 달려가 면접을 본 뒤 내일부터 일하라는 연락을 받았다. 그러나 뛸 듯이 기뻤던 그녀는 첫 출근을 한 날, 고생길이 훤히 열렸다는 것을 체감하게 되었다. 의자에 한번 앉을 틈 없이 허리를 폈다 구부렸다 하면서 사이즈에 맞는 신발을 찾아줘야 했고, 황금 같은 주말은 더 북적북적한 손님들로 긴장해야 했으며, 심지어 크리스마스도 설날도 반납해야 했다. 지금 좀 힘들어도 참고 돈만 벌어 가면 된다는 생각으로 업무에 임하니 얼굴 표정은 날이 갈수록 어두워졌다.

그로부터 일곱 달 후, 그녀와 함께 일할 직원이 한 명 더 들어왔는데 재고관리부터 시작해서 주인아저씨가 새벽시장에 물건 고르는 데까지 따라다니며 열성적으로 일했다. D는 그녀가 왜 이렇게 열심히 일하는지 궁금하여 물었더니, 그녀는 언젠가 자신이 직접 디자인한 구두 브랜드를 런칭하는 비전을 갖고 있으며, 지금 플랫슈즈점에서 하는 모든 경험이 무척 귀중하다고 했다. 그냥 그러려니 하고 넘어간 그녀는 오랜만에 대학생 시절 친하게 지냈던 과 동기 C를 만나서 수다를 떨었다. D만큼 가정형편이 좋지 않았던 C는 출판사에서 일을 하고 있었는데 교통비와 식대를 제외하면 월급이 턱없이 적다는 것이었다. 그럼에도 불구하고 D처럼 작가가 꿈인 C는 편집장님과 끊임없이 소통하고 많은 작가들을 지척에서 볼 수 있단 것만으로도 무척 만족한다고 했다.

D는 플랫슈즈점에서 일하면서 지인들로부터 '젊어 고생은 사서도 한다.', '지금은 고달프지만 노력한 만큼 빛나는 미래가 열릴 것이다.'라는 격려를 많이 들었다. 그렇지만 그러한 이야기는 순간의 위로는 될지언정, 진짜 그녀의 미래를 위하는 진실이 될 수는 없다. 오죽하면 한자성어 '고진감래苦盡甘來'의 뜻이 '고생을 진탕하고 나면 감기 몸살이 온다.'라는 우스갯소리가 생겼을까. 고달픈 현실 속에서 작가라는 그녀의 꿈과는 전혀 관련 없는 플랫슈즈점에서의 경력은 그녀가 나중에 더 질좋고 예쁜 플랫슈즈화를 골라 사 신는 데는 큰 도움이 될지 모르지만, 그녀가 꿈꾸는 작가의 꿈에 직접적 도움은 안 된다. 차라리 월급은 더 적지만 출판사에서 일하는 C가 현재 굴러가는 출판계의 동향에 대해

빠삭하게 알고 자신의 미래를 차근차근 준비해나갈 확률이 더 높다. 지금 당장 D가 플랫슈즈점을 그만두고 출판사에서 일을 시작해야 한다는 것은 아니다. 다만 자신의 현재 위치를 고생을 위한 경험이 아닌, 꿈을 위한 준비로 바꿔나가야 한다는 것이다. 매일 일이 힘들다고 투덜대는 D의 일상이 향후 소설이나 에세이의 글감이 되기 충분할 만큼 다이내믹한 하루로 변화되는 것은 순전히 D의 마인드에 달려 있다. 실제로 많은 작가들이 자신의 젊었을 때의 경험을 바탕으로 글을 쓰고는 한다. 다만 끊임없이 생각하고 관찰하고 메모한 자에게만 기회는 주어지는 법이다.

세계 최고의 셰프가 꿈이라면 번화가 조그만 식당에서 서빙하는 것부터 시작할 수도 있고, 유통업계 CEO가 목표라면 편의점에서 야간 아르바이트부터 시작할 수도 있다. 늘 내가 일하는 곳이 외국의 관광지인 것처럼 주변을 면밀하게 살피는 사람과 그렇지 않은 사람의 미래는 하늘과 땅 차이다. 아무리 일이 힘들어도 그 일이 결국 나의 꿈을 이뤄주는 디딤돌이 되어줄 뿐이라고 생각을 바꾸면 마음이 훨씬 여유로워진다. 스스로 일을 주관하는 능력도 생기고, 상사나 동료들을 먼저 챙길 수 있는 아량과 너그러움도 생기는 것이다.

이 정도가 되면 타성에 젖어서 밋밋하게 일상을 사는 대신 매 순간 나에게 가장 유리한 선택을 하게 된다. D는 이제 자신의 플랫슈즈점에서의 경험이 젊어서 한 사서 고생이 아닌, 작가의 꿈을 이뤄주기 위한 작은 경력으로 탈바꿈하는 최선의 선택을 시도해야 한다. 그렇게 되면 주변에서 일어나는 소소한 사건 하나하나에 눈과 귀를 뜨고 관찰할 수 있을 것이다.

'나는 오늘, 꿈을 위해 준비할 뿐이다.'

이제, 이 외침 한마디가 그녀의 한숨으로 가득 찬 일상을 꿈과 비전으로 연결시켜줄 것이다. 당신의 일상에서 '고생'이란 단어를 빼라. 그래야 일에서 가장 큰 만족을 얻고 스스로 행운을 만들어나가는 사람으로 변화하게 된다.

가난은
프로그래밍 된다

　고등학교 졸업과 동시에 대학교에 입학한 20대 초반 무렵, 여자들은 평생 이루고자 하는 꿈을 찾는다. 이때만 해도 돈도 많이 벌고 자기 시간도 많은 '성공한 사업가'를 나만의 꿈의 리스트에 올려놓는 여자들이 많다. 그러나 주변 사람들에게 자신의 꿈을 이야기하면 이런 대답을 듣기 십상이다.

　"사업은 아무나 하는 줄 아냐? 사업이 그렇게 쉬우면 사람들이 왜 다 월급도 적은 공무원 하려고 하겠니?"

　주변 사람들의 말에도 '나는 할 수 있다.'라고 생각하지만, 동시에 매일 도서관에서 토익책과 자격증 공부를 하며 스펙을 쌓는 동기들을 보면 슬슬 불안해진다. 벤처 창업 열풍이 불던 수년 전과는 다르게 벤처 동아리의 열기도 시들하고, 어느새 나의 꿈은 현실에 맞추어 프로그래 밍 된다. 대학 입학 때 꿈꾸었던 꿈과 야망에 비추어보았을 때, 대학 졸 업 때 목표하는 꿈의 크기는 한없이 작아지곤 한다.

회사에 취업하고 월급을 받기 시작하면 재테크에 관심을 갖기 시작 한다. 틈틈이 주식이나 경매에 대해서 알아보고 공부하고자 하면 또 이 런 대답을 듣기 십상이다.

"주식은 100명이 하면 95명은 쪽박 차고 나오는 곳이야. 내가 지금 까지 주식해서 수억 날린 사람은 봤어도 주식으로 돈 벌었다는 사람은 못 봤다. 경매는 또 쉬운 줄 알아? 잘못 매매했다가는 수익이 아니라 오히려 돈 다 물어주고 빚져서 나오는 세계가 경매야."

이런 이야기를 주변에서 자꾸 듣다 보면 전문적인 지식이 없는 나는 투자에 적당하지 않다는 생각을 하게 된다. 무언가에 도전하고자 하는 용기는 줄어든다. 나라는 사람의 능력이 부족해서가 아니다. 나의 능력 에 대한 믿음이나 주관보다는 주변 사람들의 의견을 종합하여 의사결 정을 내리다 보니 높은 확률에만 배팅을 하는 삶을 살게 되는 것이다.

성공은 오직 낮은 확률에도 용기와 배짱을 갖고 과감하게 도전할 수 있는 자의 것이다. 법구경에는 '백만 인을 이기기보다 자기 자신을 이 기는 자가 가장 뛰어난 자이다.'라고 했다. 철저히 준비하고, 남에 의해 좌지우지 되는 삶이 아닌 나의 주관과 목표에 맞추어 매진해야 한다.

성공과 행복은 대개 원하는 것을 성취할 때 느낄 수 있는 것이다. 자기 사업이나 재테크에 1퍼센트의 관심도 갖고 있지 않은 경우를 제외하고는, 20대, 30대 초입부터 도전이란 무서운 것이라며 주눅 들어 살지 말라는 이야기다.

무조건 무모하게 사업을 시작하거나, 주식, 경매에 손을 대라는 말이 아니다. 사업과 투자는 나의 능력 하에서 신중하게 도전해야만 하는 것이다. 그리고 한번 시작했으면 끝까지 책임질 수 있어야 한다. 꿈과 행복과 돈의 가치관 정립 등의 중요한 기로에 서 있는 20, 30대부터 단돈 100원이라도 돈의 노예가 아닌 돈의 주인이 되어 당당히 군림한다고 생각해보자. 그녀의 삶은 확실히 더 풍요롭고 넉넉한 방향으로 나아갈 것이다.

Z는 집안 형편이 많이 어려웠다. Z가 고등학교에 다닐 때 매일 김치 반찬만 싸오는 것이 친구들에게 미안하여 수돗가에 가서 물로 배를 채우고는 했다. 그녀의 부모님은 그녀가 대학입학 후 아르바이트라도 시작하여 가계에 보탬이 되길 바랐다. 하루 10시간씩 아르바이트 하며 간신히 졸업했지만, 2년제 대학을 졸업하고 변변한 영어성적 하나 없는 그녀에게 취업의 문은 멀고도 험했다. 부모님은 아무데라도 일단 입사하여 돈을 벌라고 종용하였지만 그녀는 적성에도 맞지 않고 성장 가능성도 없는 아무 기업에나 입사할 순 없다고 버텼다. 제2외국어를 중국

어로 전공한 그녀는 세계에서 가장 큰 시장인 중국에 가서 어학과 일을 배워보고 싶다는 꿈이 생겼고, 중국으로 어학연수를 떠나겠다고 말했다. 부모님은 가족은 내팽개치고 자기 혼자 중국으로 유학 가겠다는 이기주의자로 그녀를 몰아갔지만, 그녀의 결심은 꿋꿋했다. 그녀는 꼬깃꼬깃 모아놓은 비상금으로 중국행 비행기를 끊었다. 낮에는 아르바이트를 하고 밤에는 어학원을 다니며 중국어를 배워나가는 힘든 생활이 계속 되었지만, 늦은 밤까지 중국어 사전을 붙들고 젊음의 야망을 불태우던 그때가 그녀의 인생에서 가장 소중한 때였다. 5년 뒤 그녀는, 중국에서의 경험과 인맥을 바탕으로 마른 오징어 수출입 사업에 크게 성공하였다. 연 매출액만 20억이 넘는 그녀는 부모님께 경기도 외곽에 아파트 한 채를 사드리고, 아버지의 차도 더 튼튼한 것으로 바꾸어드렸다.

시청률은 높지 않았지만 소수의 마니아들을 만들어냈던 드라마 '9회 말 2아웃'의 재치가 빛났던 대사 "빛나는 청춘이잖냐. 희망이 밥이고, 도전이 생명이고, 기적은 옵션이고, 실패는 거름이고……"는 젊은 우리에게 많은 생각을 하게 만든다. 오랜 시간 걱정과 두려움으로 소중한 꿈을 가슴 속 깊이 묻어만 둘 수밖에 없었다면 더 이상 낙심하지 말자. 도전은 소중한 것이다. 그런데 그 도전이 꽃 피워보지도 못하고 사장되지 않으려면 주변 사람들의 지나친 걱정은 제쳐두어야 한다. 조언과 격려는 감사하게 받아 들여야 하지만, 나의 믿음 자체를 흔들어서는 안 된다. 당신 스스로는 '꿈은 그저 꿈일 뿐이죠.'라고 합리화할지 모르지만 그건 착각이다. 아무런 노력 없이 꿈과 목표를 이루는 사람은 없다. 만약 당신이 꾸었던 꿈이 세상의 실패담과 걱정들에 의해 점점 초라해지고 있다면 지금이라도 크게 키워야 한다. 특히 당신이 현실에 주어진 악조건의 벽 때문에 꿈을 포기한 적이 한 번이라도 있다면 오히려 더더욱 큰 꿈을 가져야 한다. 뚜렷한 자기관을 가지고 더 나은 미래를 모색하는 당신의 인생은 이미 행복에 훨씬 더 가까워져 있을 것이다.

chapter 2

꿈을 현실화시키면서도 일상의 작은 행복까지 놓치지 않으며 유쾌한 오늘을 만들어나가는 여자들이 있다. 행복의 본질을 꿰뚫고 있는 여자들은 자신이 언제 더 행복한지 안다. 삶을 대할 때 성공을 위해 장기적인 목표에만 투자한 여자는 죽을 때까지 성취지향적인 삶만 살다가 끝날 수 있다. 그건 소모적인 인생을 만들 뿐만 아니라 나이가 들어 후회되는 삶을 사는 악습관이다. 마음속으로는 비싼 자동차를 꿈꾸되, 나를 위하여 달콤한 초콜릿 등 작은 행복에 투자할 줄 아는 여유를 키우자. 지금보다 더 행복한 인생을 갖고 싶다면 먼저 지금 당장 만들 수 있는 행복에 투자하라. 그것은 곧 당신이 바라는 행복한 삶을 만들기 위한 첫 단추다.

행복에 관한
개념부터 재정립하라

오늘이라는 날은
두 번 다시 오지 않는다는 것을 잊지 말라.

· 단테 ·

있는 그대로의
나를 사랑하라

발전적이고 긍정적인 이야기를 하면 불편해하는 여자들이 있다. 그런가 하면 늘 자신이 성취하고자 하는 것을 거리낌 없이 밝히고 현재에도 만족하며 당당한 여자들이 있다. 두 여자들의 차이점은 성격도 가치관도 아니다. 중요한 것은 '자기애'이다.

현재의 자신에 대해 충분히 만족하고 스스로를 사랑하는 여자들은 자기의 현재 모습을 똑똑히 바라볼 수 있다. 그리고 자기 스스로를 비하하거나, 미래에 성취하고자 하는 것을 미리 달성할 수 없는 것이라고 치부하며 폄하하지 않는다. 그녀들은 다른 여자들의 성공을 시기하거나 질투하지 않는다. 그녀들은 세상에서 가장 소중한 것은 '바로 나 자신'이라는 원칙이 있다.

지금보다 행복하고 더 나은 삶을 살고 싶다면, 먼저 지금의 나를 똑똑히 바라보아라. 그것은 곧 당신의 미래를 오늘보다 더 행복하게 만드는 비법과 다름없다. 나 자신을 정확히 파악하라는 것은 단지 현실을 인정하고 머무르라는 말이 아니다. 성장이란 분명한 자기분석과 무관하지 않기 때문이다. 나에 대한 관찰마저 귀찮아하는 여자에게 발전적인 미래란 없다.

자기가 가지고 있는 역량에 비하여 성공하지 못하는 여자들을 볼 때, 주변 사람들은 그 원인을 불운에서 찾는다. 재수 나쁜 놈은 뒤로 넘어져도 코가 깨지는 것처럼 최선을 다했으나 그저 운이 안 좋아서 되는 일이 없을 뿐이라는 것이다. 그러니 실패에 대한 미련 따위는 집어치우고 현실에 만족하고 안주하라는 것이다. 물론 아예 틀린 이야기는 아니다. 하지만 되는 일이 없는 최종 원인을 단지 '불운'에서 찾기에는 무리가 있다. '운'과 '불운'의 차이를 결정짓는 것은 바로 나 스스로 나를 얼마나 사랑하느냐는 '자기애'에 달려 있기 때문이다.

수많은 여자들이 실패를 경험하지만 끝까지 포기하지 않고 자신의 역량과 잠재력을 믿고 더 나은 내일을 모색해나가는 경우가 얼마든지 있다. 많은 사람들이 그런 여자들을 '용기 있고 강한 여자'라고 이야기한다. 그러나 그들은 무조건 악바리같이 실패해도 다시 일어서는 오뚝

이와 같은 근성 때문에 성공한 것만은 아니다. 그녀들은 자기 스스로를 믿고 사랑하는 '자기애'를 기반으로 스스로의 삶을 포기하지 않았다. 비록 현재는 풍족하지 않더라도 언제든지 부유해질 수 있다고 믿었으며, 지금의 삶도 주어진 현실 내에서 충분히 행복하게 가꾸어나갔다.

성공한 온라인 쇼핑몰 사업가인 E씨는 학창시절 이야기를 자주 꺼내곤 한다. 당시 한창 스키와 보드 열풍이 불면서 그녀의 친구들은 모이기만 하면 보드 이야기를 했다. 평소 우르르 몰려다니며 친하게 지내는 남자친구들과 여자친구들이었는데 남자친구들은 학기 중에도 주말만 되면 시즌권을 끊어서 스키장에 가고는 했다. 방학이 시작되면 다 같이 보드를 타러 가자고 약속하는 친구들 사이에서 그녀는 할 말이 없었다. 그녀의 가정형편은 겉으로 보이는 것과는 다르게 점점 더 기울어가고 있었다. 자신의 처지가 한없이 초라하게 느껴지기 시작하니 친구들과도 자꾸 거리를 두게 되었다. 친구들은 왜 요즘에 연락이 잘 안 되냐며 그녀를 찾아왔지만, 어떤 이야기도 꺼낼 수 없었다. 그러다 보니 성격은 점점 더 소심해져갔고, 그 때문에 자신의 미래마저 비관하게 되었다. 얼른 방학이 되기만을 손꼽아 기다렸다. 친구들이 스키장으로 스키를 타러 떠난 날, 그녀는 자기 방에 이불을 펴놓고 하루 종일 누워 있었다고 한다. 그녀는 누가 보아도 우울증 초기 증상을 앓고 있었다.

자꾸 비관적이고 의기소침해져가는 그녀를 걱정했던 친언니는 학교에서 제공하는 무료 심리상담 서비스를 받아보라고 권유했다. 그녀는 방학동안 일주일에 한 번씩 전문 상담사와의 대화를 이어가기 시작했다. '어려운 가정형편 때문에 속이 상하지만 열심히 노력하시는 부모님을 원망하고 싶진 않다 보니, 오히려 내 처지와 부유한 친구들을 미워하게 되었다.'라고 털어놓았다. 상담 선생님은 스스로를 사랑하고 주변에 대한 원망을 없애야 한다고 조언을 해주었다.

몇 주가 지나고 다시 상담소를 찾은 그녀는 한결 편안한 얼굴이 되어서 자신의 현재 마음가짐을 털어놓았다.

"요즘에는 있는 그대로의 현실을 인정하게 되었어요. 돈이 중요한 게 아니라는 것을요. 저는 나중에 사회에서 직장을 잡고 결혼을 해도 소박하게 살 거예요. 그냥 남편하고 늦은 밤 산책이나 하면서 아이스크림을 같이 먹는 것만으로도 충분히 행복할 수 있잖아요? 그리고 이제 친구들을 원망하지 않아요. 어차피 저와는 이제 어울리지 않는 아이들이니까 더 이상 걔네 생각은 하지 않을 거예요."

그때 상담선생님은 갑자기 그녀의 말을 가로막고 긴 이야기를 시작하셨다.

"지금 E양은 본인이 현실을 부정하다가 이제 현실을 인정하게 되었다고 이야기하는데 전혀 그렇지 않습니다. 현실을 인정한 것이 아니라, 본인의 현실과 미래에까지 한계선을 그어버린 것뿐입니다. 지난 번 '자기를 사랑하는 법'에 대해서 생각해보라고 이야기했지요? 그런데 지금

E양의 태도는 자기를 사랑하는 것이 아닌 친구도 부정하고 현실에 적당히 끼워 맞추어 사는 스스로를 만들어 와버렸어요. 지난 번 말한 '자기애'라는 것은 스스로를 타인의 밑에 두지 않는 것을 의미합니다. 타인보다 스스로를 우위에 두고 주변을 둘러볼 수 있는 여유로운 마음을 갖는 것이죠. 단지 스키 한번 같이 타러 갈 수 없었다고 2년 동안 우정을 쌓아온 친구들을 배척하는 것은 자기애를 가진 사람이 하는 행동이 아닙니다. 지금 E양은 가진 것이 무척 많아요. 그리고 앞으로 이루어내야 할 가능성도 무궁무진한 사람입니다. 저도 E양처럼 소박한 삶을 찬미하지만, 일부러 부유한 삶을 배척하는 태도로 미래를 꿈꿀 필요도 없습니다. 사회적으로 충분히 성공하고 부를 거머쥔 후에도 남편과 함께 산책하며 아이스크림 먹을 때는 똑같이 행복할 거예요. 이번 방학동안 진짜 자기애가 무엇인지 한 번 더 생각해보는 것은 어떨까요?"

E씨가 상담소를 나올 때 그녀는 그녀가 놓치고 있는 것이 무엇인지 알게 되었다. 그녀는 진짜로 자기 자신을 사랑하고 인정하는 방법을 깨닫지 못했던 것이다.

그리스의 위대한 철학자인 디오게네스는 미래를 예견하는 능력이 탁월하였다고 한다. 별자리를 보고 흉년을 예측하여 곡물을 미리 헐값에 사들인 후 비싸게 팔고 그 이득을 백성들에게 나누었다. 그의 탁월한 능력을 탐내었던 알렉산더 대왕은 궁궐로 그를 여러 차례 불렀지만 그는 한 번도 가지 않았다. 결국 알렉산더 대왕이 들판에서 낮잠을 자던 그에게 찾아가 '너를 위하여 나는 무엇이든지 해줄 수 있다. 네가 원하는 것을 말하라.'라고 하자 '아, 그러시다면 제발 몸을 좀 비키셔서 폐하의 그림자를 치워주시겠습니까? 해와 저 사이를 가리고 있는 폐하의 그림자 말입니다.'라고 답했다고 한다. 부귀영화와 권력에는 전혀 관심 없이 자유롭게 사는 데 최고의 행복을 느끼는 디오게네스를 보고 알렉산더는 이렇게 이야기했다고 한다.

'아…… 다음 세상에 다시 태어난다면 나는 정녕 디오게네스와 같이 살고 싶구나.'

느낀다는 것은 세상이 정해놓은 틀에 맞추어 사는 것이 아닌, 스스로의 만족과 욕구에 충실한 거다. 상담선생님의 눈에 비추어진 E씨는 결코 디오게네스처럼 자유롭고 소박한 삶에 만족을 느끼는 여대생으로 비추어지지는 않았을 것이다. 실제로 그녀는 무소의 뿔처럼 혼자서 가는 적극성과 진취성으로 자신의 기업을 운용해나가는 화려한 파워우먼으로서의 삶을 살고 있다.

자기를 공부하고 관찰하는 것을 귀찮아하는 여자들은 결국 현실과 타인에 의해 휘둘리며 살 수밖에 없다. 그러면서도 나는 운이 없을 뿐이라고만 생각하며 한탄한다. 이런 생각을 하기 시작하면 발전된 미래는 점점 더 멀어질 뿐이다. 사람들은 자기애란 어떠한 현실에서도 나를

사랑하는 것이라고만 생각한다. 그러나 한 가지를 더하자면, 진정한 자기애란 쉴 새 없이 나를 분석하고 공부하며 마음에 들지 않는 현실은 내가 원하는 이상으로 바꿔나갈 수 있는 용기를 포함한다. 지금 이 순간도, 자기 스스로를 열정적으로 사랑하는 많은 여자들이 세상을 바꾸어나가고 있다.

통장잔고가 0원이어도
네 꿈은 하늘 위에 두어라

보스턴의 빈민가에 살던 희망 없는 청년이 인생의 스승을 만나 새로운 삶을 꿈꾸는 감동적인 과정을 그린 영화 '굿월헌팅Good Will hunting, 1997'은 주인공 멧 데이먼이 하버드 영문학과를 다니는 동안 집필한 40페이지 분량의 대본을 바탕으로 만들어졌다. 절친한 친구 벤 에플렉과 함께 자취하며 배우로서의 길을 모색했던 그는 명문대학이라는 간판을 바탕으로 굳이 영화배우가 아니더라도 얼마든지 안정적인 직업을 가지고 편안하게 살 수 있었다. 많은 사람들의 반대를 무릅쓰고 영화배우가 되기 위하여 학교를 중퇴할 때까지만 해도 그는 아무리 꿈을 크게 꿔도 '굿월헌팅Good Will hunting, 1997'은 비디오 영화로 끝날 줄 알았다고 한다.

영화에 로빈 윌리엄스가 출연한다는 사실이 기적과 같았다고 고백했던 그는 흥행에 성공한 뒤 꿈에 대한 생각을 고쳐먹었다. 꿈은 아무리 크게 꿔도 지나치지 않는다고. 내가 그렇다면 당신도 충분히 그럴 수 있다고. 현실이 당신의 꿈과는 멀찌감치 떨어져 있더라도 꿈을 향한 끝없는 노력이 전제 되어 있기만 하다면 언젠가는 기필코 이뤄낼 수 있다고 그는 말했다.

누가 뭐라고 해도 사람은 꿈의 크기만큼 살아가게 마련이다. 나이가 들면서 꿈이 점점 작아지는 것을 당연하게 여기지 말고, 스무 살 때 꿈꾸었던 나의 미래를 생생한 현실로 만들어갈 구체적인 비전을 제시하라. 만약 당신이 지금 현재 가진 것이 하나도 없다면 더더욱 꿈에 매진해야만 한다. 하늘은 스스로 돕는 자를 돕는다고 했다. 목표한 것을 끝까지 놓치지 않는 집념, 그 하나만으로도 당신의 가치는 점점 높아진다.

'삶은 하나의 모험이거나 그렇지 않으면 아무것도 아니다.'
— 《인생수업》(엘리자베스 퀴블러로스 지음) 중에서

아직도 '나는 나이가 너무 많아서, 백그라운드가 없어서, 특별한 재능이 없어서, 진짜 내가 하고 싶은 일인지 확신이 서지 않아서' 등등의 이유를 만들어서 일찍부터 꿈을 포기하는 여자들이 많다. 그렇다면 그녀들은 아직 한 번뿐인 삶의 소중함을 깨닫지 못한 여자들이다. 당신의 꿈이 무엇이든지 지레 겁먹고 포기하지 말자. 실제로 어떤 경쟁이든지, 경쟁률이 높을수록 허수 지원자들도 많고 중도에 포기하는 사람들도 많다. 성공이란 게 어디 그냥 얻어지는 것인가. 마지막까지 포기하지 않고 사력을 다해 노력하는 자에게만 주어지는 달콤한 보상이다.

A양은 고등학교 때부터 공중파 방송사 아나운서를 꿈꾸었다. 대학교에 입학한 그녀는 1학년 때부터 아나운서 공채 준비를 시작했다. 예쁘장했지만 특출 나게 아름다운 것은 아니었고 키도 160센티미터밖에 되지 않았다. 친구들은 열심히 하라고 응원해주면서도 설마 네가 진짜 될 수 있겠느냐는 걱정도 함께 해주었다. 무엇보다 부모님의 염려가 크셨다. 아나운서 준비하려면 학원비, 성형수술비, 메이크업비용 등 많은 돈이 들어가고, 소위 백그라운드도 있어야 될 텐데 딸의 꿈이 불가능해 보였다. 애초 달성할 수 없는 꿈이라면 일찍부터 포기하라고 돌려 말씀도 하셨다. 그러나 그녀는 꿈을 포기할 수 없었다. 부모님께는 죄송했지만 물질적인 지원을 아낌없이 해주시면 꼭 아나운서가 되어서 다 보답하겠다고 약속했다. 그런데 생각보다 아나운서 준비하는 데 돈이 많이 들었다. 시험을 한두 번 보는 것이 아니므로 매 시험마다 실전대비반을 수강하고 옷과 메이크업을 새로 했다. 부모님께 죄송한 만큼 열심

히 노력하였고, 결국 공중파 방송국 2곳의 최종면접에 올라갈 수 있었다. 그러나 연이어 낙방했고 낙심이 컸던 그녀는 몇 달을 폐인처럼 지냈다. 벌써 시간도 훌쩍 지나 27세가 되었다. 더 이상 부모님의 도움만 받으면서 학원을 다닐 수 없었던 그녀는 한 케이블 방송국에 지원하여 아나운서가 되었다. 실전에 투입되어 방송을 진행하다 보니 그녀는 아나운서가 자신의 천직임을 확신하게 되었다고 했다. 그리고 이듬해, 하늘이 도왔는지 공중파 방송의 아나운서 채용방식이 1년 사이 대폭 수정되었다. 지원자의 나이제한도 폐지되었고, 실제 방송 경력을 갖고 있는 지원자를 우선한다고 했다. 그녀는 이번이 마지막이라는 생각으로 과감히 도전하였다. 28세, 아나운서로는 아주 늦은 나이에 그녀는 이례적으로 합격자 명단에 이름을 올릴 수 있었다.

꿈을 꾼다는 것은 단순히 아름다운 미래를 상상만 하는 것이 아니다. 자신이 원하는 바를 말이나 글로 구체화시키고 많은 시간과 물질적인 노력을 지속적으로 투자해나가야만 한다. 낙타가 바늘구멍 들어가는 것보다 어렵다고 여겨지는 경쟁이 심한 꿈을 꾸면, 가장 든든한 조력자인 부모님마저도 꿈을 바꾸기를 원하시곤 한다. 특히 스포츠나 연예계통을 꿈꾸는 경우에는 대부분 반대가 극심하다. 그러나 어떠한 상황에서도 내가 꿈을 이룰 수밖에 없는 이유를 조목조목 따져보고 먼저 나자신부터 설득해야 한다. 내가 먼저 나를 믿지 않으면서 그 누구에게 나를 믿어달라고 말할 것인가?

  20대인데도 불구하고 재테크에 눈을 뜬 여자들은 보험에 관하여 관
심이 많다. 물론 일부의 보험들은 나이가 젊고 건강할수록 가입하기도
쉽고 비용도 절감된다. 그러나 적어도 꿈을 향하여 나아가고 있다면 최
소 몇 년 동안은 꿈에 집중하는 것이 낫다. 단기로 1년 정도의 적금에
가입하고 만기금을 나의 꿈에 투자해보자. 요즘 같은 세상에 쉽게 되는
일이 어디 있느냐고 자포자기하기 쉽겠지만 노력하는 자 당해낼 재간
없다는 말이 있듯이 집념을 갖고 도전하다 보면 결국 기회를 잡게 된
다. 무엇보다 물질적인 투자도 아끼지 말자. 지금 재테크를 해서 모으
는 돈은 10년, 20년 뒤에 보면 그리 큰돈이 아닐 수 있다. 통장에 투자
하기보단 나의 꿈에 투자하는 것이 수십 배의 가치를 창출해낼 수 있
다. 내가 가진 자산의 전부는 아니더라도 최소한 삼분의 일은 과감히
꿈에 투자할 수 있는 사람은 그렇지 않은 사람보다 성공을 달성하기 쉽
다.

  만약 아직 하고 싶은 일도 없고 명확한 꿈이 없다면 무엇이든지 배우
는 데 투자하는 게 어떨까. 인문, 사회, 과학 등 닥치는 대로 책도 읽
고 다양한 것들을 경험해보자. 남들보다 더 많은 소양을 쌓는 사람들은
더 현명한 판단을 내리기가 쉽다.

언제나 한 가지만 명심하라. 세상에는 어려움 속에도 굴하지 않고 불굴의 정신력과 집념으로 성공을 이루어내는 여자들이 매우 적지만, 결국 세상을 움직이는 세상의 0.1퍼센트의 진짜 주인들은 그러한 여자들이라는 것을. 바로 당신이 그 0.1퍼센트의 주인공이 되어야 한다.

자동차를 사지 말고
초콜릿에 투자하라

"카르페 디엠Carpe diem!"

영화 '죽은 시인의 사회'의 키팅 선생님이 외친 이 구호는 지금 이 순간의 행복에 집중하라고 이야기한다. '3년 안에 종자돈 1억 만들기', '맞벌이 부부 몇 년 안에 몇 억 자산 만들기'라는 구호로 혹독한 재테크를 독려하는 서적이나 인터넷 카페가 인기인 요즘, 키팅 선생님의 메시지는 그저 영화 속 허황된 이야기처럼 들리는 것은 당연하다. 게다가 맞벌이 부부가 최대한 절약하고 저축을 하여 서울시에 내 집을 마련하는 데 걸리는 시간이 최소 15년이라는 절망적인 뉴스를 접하고 나면 키팅 선생님의 말씀이 더 허무하게 들린다. 목구멍이 포도청이라고 돈이 없는 상태에서 현재를 온전히 즐기는 것은 쉽지 않기 때문이다.

순간을 의미하는 단어인 'Moment'의 어원은 움직임을 의미하는 Move로써 우리가 시간의 개념으로 보는 순간이 결국 만물의 움직임의 시작이란 것을 말해준다. Momentum이 모든 것을 움직이는 원동력을 의미하는 이유이기도 하다. 하루하루가 1년 중 최고의 날이 되도록 순간의 즐거움을 놓치지 않는 여자들과 그렇지 않은 여자들의 행복의 간극이 얼마나 크게 벌어질지 생각해보지 않을 수 없다.

지금 이 순간의 행복에 집중하는 것, 이것 또한 능력이다. 누구나 할 수 있는 게 아니라서 여자들은 대개 행복을 유보시키고는 한다. 그러나 어제 행복해지는 법을 배우지 못한 사람은 오늘 행복할 수 없고 오늘 행복해지는 법을 배우지 못한 사람은 내일 행복할 수도 없다. 어떠한 방식으로든 행복한 삶을 이루어내기 위해서는 일단 내게 주어진 오늘 하루부터 즐겁게 보내는 것이 필요하기 때문에 '지금 이 순간의 행복'에 집중하는 것이 중요하다.

행복이란 '오늘 하루 좋은 기분으로 사는 것'과 '내일을 향한 꿈을 키워가는 것' 두 가지로 크게 나누어볼 수 있다. 전자는 일상에서 벌어지는 소소한 일들을 오감으로 체감하며 느끼는 만족이고 후자는 5년 안에 내 집 장만이라든지 3년 안에 차를 더 좋은 것으로 교체한다든지 하는 큰 목표를 세우고 이를 달성했을 때 만족되는 충족감이다.

여자들은 '내일을 향한 꿈을 키워가는 것'의 중요성은 잘 알지만 '오늘 하루 좋은 기분으로 사는 것'의 중요성은 잘 인식하지 못하는 편이다. 앞에서 가능한 한 큰 꿈을 가지라고 해놓고 현재의 행복에도 집중하며 살아야 한다고 하니 어불성설이라고 여겨질 수도 있겠다. 그러나 진짜 행복한 여자들은 일단 내게 주어진 오늘 하루의 깨알 같은 행복이 모여 전체의 삶이 행복해진다는 것을 잘 알고 있다. 항상 열심히 사는 데 별로 행복해 보이지 않는 여자들은 행복의 의미를 잘 구분하지 못하기 쉽다. 장기적인 목표에만 집중하는 것은 고통을 견디는 인내의 달인이 될 수는 있겠지만 그 사이 행복을 느끼는 뇌신경 자체가 퇴화하는 것이다. 당신이 정말 행복한 삶을 누리고 싶다면 내일을 향한 꿈을 키워감과 동시에 지금 이 순간의 행복에 집중하는 법을 배워야 한다. 그렇다면 이러한 삶의 태도는 어떻게 길러지는 것일까?

결혼한 지 얼마 되지 않은 A는 양가의 도움을 받지 않고 둘이 힘을 모아 복층형 오피스텔에 신혼집을 마련했다. 그러나 생각보다 관리비도 많이 나왔고 무엇보다 여름에는 덥고 겨울에는 추웠다. 옷을 갈아입을 때도 방이 따로 없으니 화장실에서 갈아입거나 남편더러 눈을 감고 있으라고 했다. 집이 너무 좁으니 집들이도 2세 계획도 꿈도 꾸지 못하는 A는 실의에 빠졌다. 그래서 악착같이 돈을 모아서 아파트를 장만하겠다는 목표를 세운 그녀는 남편과 본인의 용돈을 식비와 교통비를 빼고 10만 원으로 잡았다. 남편과 2주에 한 번씩 보던 영화 데이트도 포기하고 가끔 함께 파스타를 먹던 즐거운 나들이도 단념했다. 일상의 소소한 행복들을 포기하고 산 지 6년 만에 부부는 작은 소형 아파트를 갖게 되었다. 계약서에 사인을 할 때 손이 부들부들 떨릴 만큼 긴장했던 그녀는 아파트에 입주하자마자 긴장이 탁 풀렸다. 집만 마련하면 고생 끝 행복 시작으로 영원히 들뜬 기분에서 살 것만 같던 기대가 무색할 정도로 몇 주 지나지도 않아 그녀는 무기력감에 빠졌다. 현관문을 열고 집으로 들어갈 때도 별 감흥이 없었다. 그녀는 더 넓은 평수의 아파트로 이사하는 것을 목표로 또다시 새로운 도전을 해야 하는 것인지 혼란스럽다고 했다.

당신은 혹시 훗날의 큰 성취를 위하여 눈앞의 행복을 간과하고 있지 않는가? 흔들리는 바람결에 사각거리는 나뭇잎들에 귀 기울이고, 보랏빛으로 물들며 지는 아름다운 저녁 석양을 보며 애잔한 가슴울림을 느끼고, 사랑하는 사람과의 달콤한 입맞춤을 통해 행복을 느껴본 것은 언제인지. 혹 취업을 하고 나면, 고시에 통과하고 나면, 내 집을 장만하고 나면…… 이렇게 행복을 뒤로 미루는 본인의 모습을 보며 나는 당분간 행복해서는 안 되는 사람이라며 기죽어 있지는 않은가. 그러나 목표를 성취하거나 비싼 집이나 물건을 소유할 때 생기는 가장 큰 문제 중의 하나는 우리가 그것에 너무 쉽게 적응을 해버린다는 것이다. 특히 돈으로 행복을 느끼고자 한다면 비싼 물건 하나를 가끔 한 번씩 소유하는 것보다 소소한 물건을 자주 많이 사는 것이 더 낫다. 문제는 우리가 얼마나 예민하게 행복에 반응하고자 노력하는가 하는 것이다. 행복감은 그것을 주체적으로 느끼고자 하는 사람에게 더 잘 길러지게 되어있다.

항상 거대한 꿈을 잘 현실화시키면서도 일상의 작은 행복까지 절대 놓치지 않으며 유쾌한 오늘을 만들어나가는 여자들이 있다. 그녀들의 차이점은 단지 운이 아니다. 문제는 장기적인 행복과 단기적인 행복에 대한 정확한 인식과 투자 비율이다. 행복의 본질을 꿰뚫고 있는 여자들은 자신이 언제 더 행복한가를 잘 파악하고 있다. 장기적인 목표를 더 중요시 여긴다면 100퍼센트 중에 70퍼센트를 꿈을 위해서 투자하고 나머지 30퍼센트는 단기적인 행복을 위해 투자한다. 이 투자비율은 가변적이어서 본인이 처한 상황에 의해 언제든지 달라질 수 있다는 원칙이 있다. 삶을 대할 때 성공을 위해서 100퍼센트를 모두 장기적인 목표에만 투자한 여자는 죽을 때까지 성취지향적인 삶만 살다가 끝날 수 있다. 그건 소모적인 인생을 만들 뿐만 아니라 나이가 들어 후회되는 삶을 사는 악습관이다.

마음속으로는 비싼 자동차를 꿈꾸되, 나를 위하여 달콤한 초콜릿, 예쁜 장미꽃 한 송이, 신상품으로 나온 마음에 쏙 드는 속옷, 미각을 자극하는 고르곤졸라 피자와 크림소스 스파게티, 베이비파우더 향기가 나는 바디로션 등 작은 행복에 투자할 줄 아는 여유를 키우자. 지금보다 더 행복한 인생을 갖고 싶다면 먼저 지금 당장 만들 수 있는 행복에 투자하라. 그것은 곧 당신이 바라는 행복한 삶을 만들기 위한 첫 단추와 다름없으니까.

행복한 여자는 대개
여우같은 여자다

세상의 어느 여자도 행복하지 않기를 바라지는 않을 것이다. 행복이란 왠지 곰같이 단순하고 순박한 감성을 가진 여자가 더 잘 느끼고, 반대로 섬세한 여우같은 여자는 욕심과 예민한 감성 때문에 행복을 더 잘 못 느낄 것 같기도 하다. 그러나 행복한 삶을 사는 여자들을 자세히 들여다보면, 대부분 겉은 홍시처럼 부드럽지만 속에는 행복에 대한 건전한 욕심으로 뭉친 딱딱한 씨를 숨기고 있는 여우같은 여자임을 알 수 있다.

사람들에게 자신을 늘 행복하다고 이야기하는 여자가 있었다. 늘 친구들에게 자신은 자기가 가진 능력보다 운이 좋은 편인 것 같다고 말했다. 그녀는 고등학교 때 공부를 썩 잘했지만, 수능 점수가 실력보다 나오지 않아 삼수를 하는 동안에도 항상 웃음을 잃지 않았다. 간신히 대학을 졸업하고 입사한 회사에서 한 남자를 만났고 불타는 사내연애를 시작한 지 석 달 만에 남자친구는 이별을 고했다. 몇 달 후 그녀는 그녀와 제일 친한 동료와 그가 사귀고 있다는 소문을 듣고 아주 잠깐 실의에 빠졌지만, 곧 쿨하게 그들을 용서하고 더 즐겁고 성실하게 회사생활에 임했다.

그녀는 운이 좋지 않은 여자임이 틀림없다. 모의고사 점수보다 몇 십 점씩 낮게 나오는 수능점수뿐만 아니라 두근두근 설렘을 안고 시작한 첫사랑에서 우정과 사랑 모두 잃어버린 안타까운 운명이다. 본인 스스로를 자책한다든지, 상대나 세상을 원망한다든지 하는 것들은 그녀가 택할 수 있는 가장 쉬운 선택이기도 했다.

그러나 대부분의 여자들이 실의에 빠지기 쉬운 환경에서 그녀는 그녀가 할 수 있는 가장 어려운 선택을 했다. 그녀는 수능점수가 나오지 않아도 나중에 더 좋은 일이 생기려는 것일 뿐이라며 자신의 감정을 컨트롤 했다. 또 남자친구와 친한 동료의 외도를 알았을 때도 똥차 갔고 벤츠가 올려는 것일 뿐이라며 묻지도 따지지 않고 깔끔하게 헤어졌다. 무엇보다 그녀는 언제 찾아올지 모르는 그녀의 밝은 미래를 믿으며 가장 중요한 것은 지금 이 순간의 행복을 놓치지 않는 것이라고 다짐했다.

곰 같은 여자들은 불행한 순간의 주어지면 '나는 원래 복이 지지리도 없는구나.'라며 현실에 그대로 순응하는 미덕을 발휘한다. '내 팔자가 그렇지.'라며 자포자기하거나, 심각한 우울증에 빠지며 환경에 순응한다. 현실에 두 발을 단단히 딛고 악착같이 일어나서 행복을 갈구하지 않으므로 불운은 또 다른 불운을 불러오는 패턴이 반복된다.

사르트르는 인생은 Birth와 Death 사이의 Choice라고 했다. 어렸을 적에 지속적인 행복을 경험해보지 못한 많은 젊은 여자들이 행복을 운과 착각하곤 한다. 행복을 만들어가려는 노력보다 어느 날 갑자기 주어지는 운 같은 행복을 기다리고는 한다. 그러나 행복은 행복 중심적 사고로 무장한 여우같은 여자에게만 찾아오지, 결코 아무에게나 찾아오지 않는다. 인생의 모든 순간에 나의 힘으로 인생을 바꿀 수 있다는 의지, 작은 행복의 틈도 놓치지 않으려는 노력에서부터 출발하는 것이다.

56세의 젊은 나이로 생을 마감한 애플의 잡스는 우리의 가슴에 성공한 남자이자 행복한 남자로 기억된다. 그는 입양아였으며, 자신이 창립한 회사에서 쫓겨나는 불운을 겪기도 했지만 절대 좌절하지 않았다. 잡스는 세상에서 가장 중요한 것은 행복한 삶을 사는 것이라는 진리를 잘 이해했던 남자임이 1985년 '플레이보이'와 1993년 '월스트리트저널'과의 인터뷰에도 잘 나타난다. 그는 스톡옵션으로 수많은 돈을 소유하고 있었지만 돈에 관한 자신의 생각은 매우 우습다며 "사람들의 모든 관심이 돈에 집중되어 있지만 돈은 내가 할 수 있는 일 가운데 통찰력도 가치도 없는 일."이라고 이야기했다. 대학시절, 믿었던 사람들에게 배신을 겪으면서도 누구도 원망하지 않고 자신의 행복에 집중했다. 그는 자신에게 무엇보다 중요한 일은 "매일 밤 잠자리에 들 때마다 우리는 정말 놀랄 만한 일을 했다고 말하는 것."이라고 말했다. 그가 말한 놀라운 일은 기술과 문화로 세상을 혁신하는 것이라며, 잡스는 자신의 비밀병기가 바로 집중과 단순함이라고 설명했다.

쓸데없는 관심사를 끊고 생각을 단순화한 뒤 그 생각을 실현시키는데 집중을 다하면 부와 명예와 인기는 자연스럽게 따라온다는 것이 잡스의 생각이었다. 사람들은 잡스를 잡스답게 만드는 것이 그의 이러한 일에 관한 집중력이라고 생각하지만 실은 여기에 한 가지를 더해야 한다. 바로 일에 집중한 후 부와 명예 인기가 따라오지 않는다고 해도 전혀 개의치 않았던 그의 쿨한 태도이다. 그는 수많은 불운 속에서도 낙담보다는 희망을 선택했다. 그는 그의 행복을 소중히 여길 줄 알았고, 불행보다는 자신에게 가장 이익이 되는 판단을 할 줄 알았으며, 바로 그것이 그가 바라던 행복을 추구하는 삶이었다.

20, 30대들이 험난한 세상을 처음 마주하면서 느끼는 것은 아마도 '내가 아무리 노력해도 행복은 쉽게 오지 않는다.'일 것이다. 하지만 시간이 흐른 후 깨닫게 되는 것은 '행복은 행복하기 위해 적극적으로 노력할 때만 찾아온다.'는 것이다. 일생을 다해서 행복한 삶을 살기 위해 가장 많은 계획을 세우고 준비하는 때가 20, 30대이다. 이때 행복의 본질에 관해 정확히 이해하고 그 방법을 실천하지 않으면 평생 짜증 섞인 목소리와 찌푸린 얼굴로 늙어가게 될 것이다. 행복한 인생을 산 그 어떤 사람도 행복을 위해 한 톨의 노력도 하지 않고 저절로 행복해진 적은 없었다.

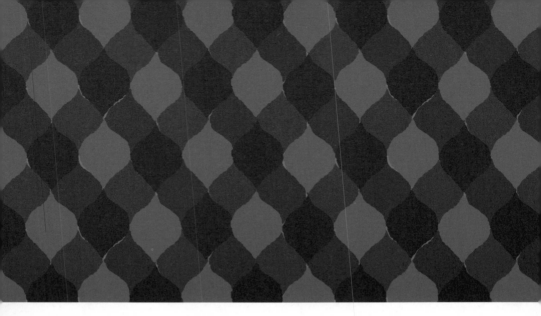

chapter 3

당신이 지금까지 스스로에 대한 투자를 아끼지 않고 능력을 계발해왔다면 당신의 주변 사람들에게 더 잘해야 한다. 그들은 당신을 돕기 위하여 언제든 준비된 사람들이기 때문이다. 특히 당신이 사회 초년생이라면 더더욱 그들에게 '세상 살아가는 방법'을 배워야 한다. 열심히 묻고 부탁하는 데에는 큰 비용이 들지 않는다. 큰 비용을 들여 나의 목적을 달성하려고 하면 그것은 뇌물이 되고, 이것은 안 하니만 천 배 만 배 못하다. '세상 살아가는 방법'을 배운다는 것은 내가 먼저 진심으로 마음을 열어 상대를 위한다는 것이다. 그리고 그들이 마음을 열고 나를 도우려고 할 때 솔직하게 내가 원하는 것을 당당히 피력하면 된다.

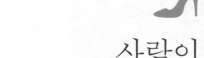

사람이
가장 큰 재산이다

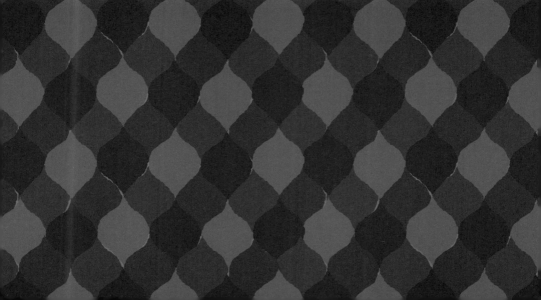

삶이 그대를 속일지라도 슬퍼하거나 노여워 말라
슬픈 날엔 참고 견디라, 즐거운 날이 오고야 말리니
마음은 미래를 바라느니 현재는 한없이 우울한 것
모든 것 하염없이 사라지나 지나가버릴 것 그리움이 되리니

• 푸시킨 •

마음속으로만 고맙다고
생각하는 것은 아무짝에 쓸데없다

미국 유명 MBA를 졸업한 후 한국의 대표 통신사 마케팅팀에 취업한 A는 당당한 커리어우먼을 꿈꾸었다. 한국식 술 문화와 선후배 문화에 적응하는 것도 쉬운 일은 아니었지만 그녀를 가장 힘들게 하는 것은 정정당당하게 실력으로 평가 받고 싶다는 그녀의 의지를 깎아내리는 사내 분위기였다.

자신이 만든 기획안을 발표하고 보고하여도 그것이 채택되려면 상사와 선배, 동료들의 호응과 찬성이 있어야 했다. A는 미국 최고 수준의 마케팅 공모전에서 수차례 상위권에 들었을 만큼 탁월한 실력을 갖고 있었지만 그녀의 기획안은 번번이 탈락되었다. A는 외모도 무척 뛰어난 편이어서 회사에 입사하기 전에는 어디에 가든 주목을 받는 편이었지만 이곳에선 늘 찬밥 신세였다. A는 점점 회사 문화에 염증을 느꼈다. 그녀의 의욕이 가장 상실될 때는 그녀의 상사가 대놓고 다른 팀원인 B와 그녀를 비교할 때였다.

B는 이름도 생소한 지방대 출신이었고 누가 봐도 객관적으로 A보다 뒤처지는 실력을 갖고 있었다. 그러나 B는 항상 웃는 얼굴로 싹싹하게 모든 사람을 대하였다. 팀원들이나 팀장님들이 야근을 할 때면 본인도 되도록 늦게 퇴근하였다. 팀원 한 명이 요즘 많이 피곤하다고 이야기하면 홍삼 진액 한 봉을 그의 자리에 놔두고, 일이 많이 밀렸다고 하면 본인 일도 제쳐두고 가서 도왔다. 대학교 응원단 출신이던 그녀는 회식자리에서도 최신 유행 댄스와 노래로 늘 흥을 돋우었다.

결정적으로 그녀의 회사생활의 판도를 바꾸어놓은 것은 1년에 한 번씩 주최되는 전 직원 운동회 때였다. 갑작스런 비가 내려 운동회 진행이 지연되고 우왕좌왕할 때, 임원진과 인사팀장을 보좌하는 운동회 자원봉사 역할을 맡았던 그녀는 쏜살같이 대형우산을 준비하고 임원진을 대피시켰다. 따뜻한 차를 준비하여 임원진 한 분 한 분께 드리며 밝은 미소로 안정시키고 우렁찬 목소리로 복잡한 상황을 정리해나갔다.

인사팀장과도 안면을 트게 된 그녀는 그 뒤로 한 달에 한두 번씩 사내 메신저나 문자로 안부를 물었다. 씩씩하고 늘 호의적인 B를 눈여겨본 인사팀장이 그녀에게 지금 있는 부서가 적성에 맞느냐고 물을 때면 그녀는 차분하지만 명확하게 자신의 의사를 피력하였다.

"지금 있는 부서도 너무 좋고 함께 하시는 분들도 참 친절하시지만, 사실 마케팅이 적성에 맞지는 않는 것 같아요. 언젠가 기회가 된다면 반드시 전략기획부서에서 일하고 싶습니다. 저 좀 전략기획부서로 데려가주세요."

다음 정기인사 시즌, 그녀는 회장 직속하의 전략기획부서실로 한 단계 승진되어 발령이 났다. B의 승진과 인사이동 소식을 들은 A는 공정하지 못한 한국 기업 문화에 치를 떨며 미국으로 다시 돌아갈까, 하는 폭풍 같은 고민에 휩싸였다.

한국 사회에서 성공이란, 오직 실력으로만 승부할 수 없는 것은 사실이다. 그러나 과연 외국이라고 해서 오로지 실력만으로 성공할 수 있는 것일까? 사람 사는 곳이라면 그 외의 플러스알파에 의해 성공과 실패가 좌우되는 경우가 숱하다. 반대로 실력이 조금 모자라더라도 다른 부분에서 노력한다면 충분히 성공할 수 있다는 의미이다. 자기계발과 본인에 대한 투자를 열심히 하여 예쁘고 실력이 출중한 여자가, 싹싹하고 사교적이기까지 하다면 인생이 더 잘 풀릴 가능성이 몇 배나 높다.

A는 자신이 B보다 공부도 더 많이 했고 실력도 출중하므로 먼저 성공해야 한다고 생각했다. 그러나 그러한 기대와는 달리 현실에서는 B가 더 인정을 받았다. 자기 스스로가 불공정한 한국식 사내 정치 문화의

희생양이라는 편견에 휩싸여 있지 말고, 더 적극적으로 세상에 부대껴라. 그동안 갈고 닦은 실력이 어둠 속에 사장되지 않고 세상에서 빛을 볼 수 있도록 말이다. 오직 두 주먹 불끈 쥐고 나 혼자의 힘으로 성공하겠다는 팔팔 끓는 의지만으로 가득 차 있었다면 이제 그 두 주먹을 풀고 상대의 손을 맞잡아라.

만약 당신이 지금까지 스스로에 대한 시간적, 물질적 투자를 아끼지 않고 찬란한 미래를 위하여 능력을 계발해왔다면 당신의 주변 사람들에게 더 잘해야 한다. 그들은 당신을 돕기 위하여 언제든 준비된 사람들이기 때문이다. 특히 당신이 아직 사회에 입문한 지 몇 년 되지 않은 사회 초년생이라면 더더욱 그들에게 '세상 살아가는 방법'을 배워야 한다. 열심히 묻고 부탁하는 데에는 큰 비용이 들지 않는다. 큰 비용을 들여 나의 목적을 달성하려고 하면 그것은 뇌물이 되고, 이것은 안 하니만 천 배 만 배 못하다. '세상 살아가는 방법'을 배운다는 것은 내가 먼저 진심으로 마음을 열어 상대를 위한다는 것이다. 그리고 이제 그들이 마음을 열고 나를 도우려고 할 때 솔직하게 내가 원하는 것을 당당히 피력하면 된다.

금융권 취업 때문에 자기소개서나 면접 노하우를 묻기 위하여 이메일을 보내거나, 지인 등을 통해 부탁을 해오는 대학생들이 있다. 일면식도 없는 사이지만, 전화기 너머로 울려 퍼지는 씩씩하고 당찬 목소리를 들으면 나는 있는 것 없는 것 다 퍼내서 도와주고 싶은 마음이 생긴다. 실제로 회사 내의 분위기나 동향, 현재는 어떤 인재를 선호하는지에 대해서도 열심히 자문하여 알려주고, 오래되었지만 열심히 수집하였던 각종 자료도 다 보내준다. 실제로 팀장님이나 지점장님과의 식사자리에 초대한 적도 있다.

이제까지의 당신의 삶이 자신이 가진 실력보다 잘 풀리지 않고 인정받지 못하고 있었다면, 당신은 이제 당신의 시선을 본인이 아닌 타인에게로 돌려야 한다. 자신의 배경 따위는 묻어두더라도 상사에게 말 한마디 먼저 따뜻하게 건네고, 동료에게 커피 한 잔 타줄 줄 알아야 한다. 진짜 인정받는 사람으로 거듭나고 싶다면 나만 잘나면 된다는 생각부터 버리는 것이 순서이다.

세상에는 말 한마디로 천 냥 빛 다 갚고, 자신의 능력보다 더 빛나는 삶을 꾸려나가는 여자들이 많다는 것을 사회 초년생일 경우에는 잘 모른다.

● ●

사람들은 고객을 상대로 상품권유와 서비스제공을 해야 하는 은행원이라는 직업이 무척 고될 것이라고 이야기한다. 실제로 갓 성인이 된 젊은 고객이 시종일관 반말을 툭툭 던지기도 했고, 손에 문신이 가득한, 딱 봐도 조직폭력계에 몸담고 계신 고객을 앞에 두고 벌벌 떨기도 했다. 그러나 다양한 성격과 배경을 갖고 있는 수백 명의 고객에게 일대일 맞춤 서비스를 제공하는 것은 차라리 쉬운 경험일 뿐이다. 내가 회사생활을 하면서 가장 어려웠던 점은, 보수적이기로 정평난 은행조직 내에서의 인간관계였다. 특히 상사이며 멘토이고 관리자이며 조력자이기도 한 직속상사와의 관계정립은 만족스런 회사생활을 만드는 초석이 된다. 간혹 직속상사와의 관계가 좋지 않아도 즐겁게 회사생활을 하는 것처럼 보이는 동기가 보였기에 '인간관계가 회사생활의 전부는 아닌가 보다.'라고 판단한 적이 있었다. 그런데 얼마 후면 대부분 그런 동기들이 사표를 내고 이직했다는 소식이 들려와 깜짝 놀라곤 한다. 특히 할 말은 반드시 앞에서 해야 하는 정의로운 성격의 동기들이 직속상사와의 관계가 좋지 못하다. 그들이 어른을 공경하지 못하는 건방진 성격이어서도 아니고 단지 입 발린 소리를 싫어하는 담백한 천성 때문이다. 나도 이와 비슷했다. 그러나 우리 지점의 주요거래처인 A기업의 B대리를 만나면서 달라졌다.

그녀는 팀장님을 비롯하여 사장님의 총애를 한몸에 받는 것이 눈에 보였다. 다른 직원들도 많았지만 유독 그녀만이 상사와 함께 은행에 자주 내점하였고, 그녀 또한 마음을 다해 상사를 존경하고 위하는 것이 눈에 보였다. 그녀는 그녀가 회사에서 인간관계를 잘 해낼 수 있는 첫 번째 요건은 바로 회사와 상사를 대하는 진짜 마음, 바로 '진심'이라고 자부했었다. 하지만 진심도 그것을 표현하는 방법이 없이는 무용지물인 것이었다. 그러나 자신의 마음을 드러내기 위하여 다양한 대화법을 연구하고 그것이 입에 딱 달라붙을 때까지 연습했다고 한다. 그것이 다른 동료들과 똑같은 실력을 가지고도 회사생활을 열배는 더 잘해내는 B대리만의 노하우였다. 정말 회사에서는 온갖 뇌물보다도 진심을 담은 말 한마디가 중요한 경우가 많다. 아래는 팀장님과의 관계정립을 위하여 고심하던 내게 B대리가 특별히 알려준 '말 한마디로 천냥 빚 갚는 15가지 문장'이다.

1   항상 감사드려요.

2   갈수록 더 멋있어지시는 것 같아요.

3   팀장님 발표 실력은 정말 최고세요. 귀에 쏙쏙 들어와요.

4   역시 팀장님밖에 없어요.

5   이게 다 팀장님의 격려와 배려 덕분이에요.

6   팀장님, 제가 팀장님을 얼마나 존경하는지 모르시죠?

7   저는 참 복이 많은 것 같아요.

8   여기 세상에서 제일 맛있는 커피 한잔 타놨어요.

9   어떻게 파워포인트까지 잘 만드세요? 정말 대단하세요.

10 역시 수준 있으시네요.

11 저는 팀장님만 믿어요.

12 어떻게 그런 생각을 다하셨어요?

13 이런 것까지 할 줄 아세요? 팀장님은 정말 못하시는 게 없으시네요.

14 팀장님이 안 계셨다면 저는 지금쯤 어땠을까요?

15 팀장님, 항상 건강하세요.

품위 있는
실속주의자가 되어라

어느 누구도 가치 없는 곳에 돈을 쓰기를 원하지는 않을 것이다. 그러나 통장과 카드내역을 자세히 관찰해보면 비효율적으로 지출되는 부분이 꽤나 많은 것을 볼 수 있다. 똑똑한 여자들은 돈을 꼭 써야 할 곳에만 쓸 줄 안다. 그리고 불필요한 곳에는 과감히 지갑을 닫아버릴 줄도 안다.

부모님께 항상 용돈을 타 쓰고 풍족하게 살아온 A양이 있었다. 항상 주변 사람들에게 맛있는 것도 많이 사주고 덕을 베풀고 살라는 부모님의 가르침에 친구들을 만나면 밥값, 커피값을 먼저 계산하곤 했다. 그러나 언젠가부터 그녀를 만나면 친구들은 으레 그녀가 계산하려니 하고 지갑에서 돈을 꺼내는 척만 하고는 계산을 하지 않았다. 다른 사람에게 먼저 베풀면 그게 다 덕이 되어서 돌아온다는 부모님의 가르침이 왜 맞지 않는지 그녀는 시간이 갈수록 의아해졌다. 그녀가 풍족하게 산다고 생각한 한 친구는 목돈이 필요할 때면 그녀에게 의지하고는 해서 둘의 관계는 점차 소원해지기 시작했다.

톨스토이의 단편 '사람은 무엇으로 사는가'에 나오는 말 중 하나인 "여보, 우리는 늘 남에게 베풀며 사는데 사람들은 왜 우리에게 베풀지 않죠?"에 깊이 공감하며 그녀는 대학교를 졸업하고 취업을 했다. 이제는 부모님께 용돈을 타 쓰는 것이 아닌, 자기가 스스로 수입과 지출을 관리해나가야 할 때가 된 것이다. 처음 몇 달 동안은 회사업무를 배우느라 가계부를 쓸 겨를이 전혀 없었다. 그러나 동료의 추천으로 은행에서 무료로 제공되는 가계부 어플이 있는 것을 알았고, 등록만 하면 자신이 쓴 통장내역과 카드 내역이 수입과 지출로 나뉘어 자동정리가 되는 것을 보았다. 너무 간편한 이 어플을 그녀는 당장 다운로드 받았다. 다른 기업에 입사한 친구들에 비하여 월급이 많은 편이었지만 그중 삼분의 이가 다 티도 안 나는 지출로 잡히고 있었다.

A양은 돈을 무조건 흥청망청 소비하는 여자는 아니다. 그러나 같은 돈도 더 가치 있게 쓰는 현명한 여자도 아니다. 그러나 그것은 돈

에 관해 '아주 약간'의 관심을 더 두지 않았기 때문에 벌어지는 차이일 뿐이다. 돈을 가치 있게 소비한다는 것은 자린고비처럼 절약을 해야 한다는 것도 아니고 어마어마한 금융지식을 갖고 있어야 한다는 뜻도 아니다.

같은 회사에서 동일한 월급을 받아도, 어떤 성향의 소비 패턴을 갖고 있느냐에 따라서 자금관리의 성패가 좌우된다. 그녀가 자신의 소비생활에 문제가 있다는 것을 판단하고 고치려고 노력하는 시점부터 그녀의 통장은 마이너스에서 플러스로 전환될 것이다.

10년 전만 하더라도 '더치페이'라는 문화가 생소했다. 정이 많고 인심이 후한 우리나라 사회에서 '더치페이'를 주장하는 사람은 이기적으로 비춰지곤 했다. 한 번은 내가 사고, 한 번은 네가 사는 문화가 더 정감 있고 인간적이라고 여겨졌다. 그러나 어느 순간부터는 더치페이를 편하게 여기는 사람이 많아졌고 베푸는 것이 미덕인 문화와 더치페이 문화가 충돌하는 시점이 생겼다. 연인들 간에도 소비에 대한 가치관 차이가 문제가 되는 경우가 꽤 있다. 남자가 나를 사랑한다면 돈을 아끼지 않을 것이라고 생각하는 여자와, 남녀평등 시대이니 여자도 데이트 비용을 반반 부담해야 한다는 가치관을 가진 남자가 만난다면 갈등이 생기는 것은 당연하다. 그래서 반복되는 문제의 요인을 제거하고 일관적인 지출패턴을 가져야 한다. 일관적이지 못한 지출은 계속적인 문제를 불러일으킨다.

처음 사람을 만나거나 이성을 소개받는 자리에서부터 더치페이를 강하게 주장할 필요는 없다. 첫인상이 더 중요한 자리에서 나의 요구를 강하게 주장하는 것은, 고집이 센 사람으로 비춰질 뿐이다. 똑똑한 여자들은 그렇게 상대가 먼저 어떻게 행동하느냐를 주시하는 것을 선택하기 때문에, 그 다음 행동을 어떻게 해야 할지 판단을 내릴 수 있다. 상대가 먼저 밥을 사겠다고 호의를 베풀면 고맙다는 의사를 분명히 전하고 그날 후식을 사든지, 다음번 식사는 본인이 꼭 대접하는 것이 필요하다. 만약 상대가 나에게 식사를 대접하는 것을 주저하는 모습을 보인다면 어색한 순간을 빨리 끝내고 더치페이를 하는 것이 맞다. 어차피 각자 먹은 것을 각자 계산한다는 것은 결코 이상한 일이 아니다. 이것은 동성뿐만이 아닌 이성에게도 적용되는 문제이다.

만약 내가 식사를 대접했는데도 다음번에도 계속 내가 계산하기를 바라는 친구나 동료가 있다면 '이번에는 네가 사는 거야? 고마워.'라고 자신의 의사를 분명히 전달해보자. 세상에는 인자하고 후덕한 사람들도 많지만, 의외로 얻어먹는 것을 기쁨과 보람으로 여기는 사람들도 많다. 그런 사람들이 나의 베풂을 고마워한다면 그나마 괜찮지만 후자와 같은 성향을 가진 사람들은 절대 고맙다고 생각하지 않는다. 그저 '돈이 더 있는 네가 베푸는 것이 당연하다'라는 가치관을 갖고 있는 경우가 많아서 상대방은 지치게 된다. 이러한 관계가 서로에게 도움을 주는 방향으로 오랫동안 지속될 확률은 제로에 가깝다. 물질적인 것이든 정서적인 것이든 상대를 아끼고 먼저 베풀려는 사람들, 아니 최소한 내 밥값은 내가 낸다는 합리적인 가치관을 지닌 사람들과의 관계에 더 정성을 쏟는 것이 현명하다.

당연한 말일지 모르지만 100원도 허투루 쓰지 않는 여자가 더 많은 자산을 모으게 되어 있다. 그런 여자들은 그렇게 소소하게 아낀 돈을 모아서 더 가치 있는 곳에 쓰곤 한다. 이러한 여자들은 상대에게 선물을 고를 때에도 부담이 가지 않는 적절한 비용에 센스 있는 것을 고르고 적절한 타이밍에 '짠' 전해주곤 한다. 아무리 조그만 선물이라도 포장을 고급스럽게 하여 받는 사람이 대접받고 있다는 기분을 만끽하도록 해준다.

돈을 써도 써도 남아돌 정도로 풍족하다면 아무 생각 없이 후한 인심을 베풀며 살면 된다. 그러나 나의 수입이 일정하고 미래에 달성하고 싶은 꿈과 목표가 있다면, 같은 선물이나 같은 식사를 제공해도 상대가 더 기분 좋고 고맙게 받아들일 수 있도록 요령 있게 행동하는 것이 필요하다.

그러나 경조사비 아끼는 여자
주변엔 남는 사람이 없다

사회 초년생 시절, 친하게 지내던 대학 선배나 회사 동료들이 하나둘 씩 결혼을 하기 시작할 무렵이었다. 금쪽같은 주말 오후였지만 평소 좋아하는 지인의 행복한 앞날을 축복해주러 가는 발걸음은 가벼웠다. 만나기 힘들었던 친구들도 오랜만에 볼 수 있고, 평소 가보지 않은 동네에 놀러가는 기분도 들었다. 그러나 매주 쉬지 않고 청첩장이 날아오기 시작하자 나 스스로에게 이런 질문을 던지게 되었다.

"정말 이 결혼식을 모두 다 가야 하는 거야?"

무엇보다 평일 동안 회사 생활로 쌓인 피곤을 풀기 위하여 주말에는 휴식을 취해야겠다는 생각이 들었다. 많이 친하지 않고 통성명만 하고 지냈던 사이였거나, 예전에는 잘 알고 지냈지만 연락이 끊긴 지 몇 년 지나서 날아온 청첩장 같은 경우에는 결혼식 참석에 회의적인 생각마저 들었다. 청첩장 개수가 늘어나는 만큼 축의금에 대한 부담감도 커져만 갔다.

그러나 내가 결혼을 하고 보니 그 모든 결혼식에 반드시 참석했어야만 했다는 생각을 하게 된다. 게다가 평소 식사는 더치페이를 하는 사이더라도 경조사 때만큼은 두둑하게 베풀자는 생각을 갖기에 이르렀다. 결혼이란 당사자에게 매우 큰 의미를 지닌다. 함께 새 가정을 꾸려나갈 동반자와의 언약식이기 때문만이 아니다. 결혼식을 전후로, 진심으로 나를 위해주는 사람과 그렇지 않은 사람을 구별하게 되기 때문이다.

평소에 친하다고 생각한 사이였는데 결혼식에 오지 않으면 무척 섭섭해진다. 나는 상대방의 결혼식, 돌잔치에 다 갔다 왔는데 나의 결혼식에 오지 않는다면 어떤 이유에서든지 속상한 마음이 들기 마련이다. 반대로 평소 그저 데면데면한 사이라고 생각했는데 축하해주러 온 동료나 친구가 있다면 미안한 마음과 함께 앞으로 더 챙겨주게 된다. 만약 평소에 사이가 어색하거나 틀어진 친구나 동료가 있었다면 그들의 결혼식에는 반드시 참석해라. 이를 계기로 관계가 상당 부분 개선되는 효과를 누리게 될 것이다.

심리학자 스탠리밀그램Stanley Milgram의 유명한 실험은 세상이 얼마나 좁으며 우리가 왜 주변 사람들과 더불어 살 수밖에 없는지 잘 알려주는 것 같다. 그는 네브래스카와 캔자스에 거주하는 여러 친구들에게 어떤 사람의 이름과 직업만 알려준 채 편지 한통을 전해달라고 부탁하고 이 방법을 통해서 몇 단계 만에 편지가 전달되는지 알고자 했다. 결과는 놀랍게도 평균 5.5단계 만에 전달되었다.

이제 지인의 경조사를 귀찮은 주말 스케줄이라고 생각하지 말고 이처럼 좁고 좁은 세상에서 내 인간관계를 더욱 풍요롭게 만들어주는 소중한 기회라고 생각하라. 그리고 주말 아침 살짝만 더 부지런을 떨어서 가능한 한 모든 결혼식에 참석할 수 있도록 노력하라. 장기적으로 봤을 때 방 안에서 늦잠만 널브러지게 자는 것보다 훨씬 더 알찬 주말 오후를 보낼 수 있다는 것을 확신한다.

정말 몸이 피곤하고, 꼭 참석해야 하는 약속이 있어 모든 결혼식에 갈 수 없다면 우선순위를 정하는 것도 차선책이다. 무엇보다 학교 선후배의 결혼식까지는 챙기지 못하더라도, 회사 동료 결혼식만큼은 꼭 가야 한다. 회사동료는 돌고 도는 회사 생활 내에서 지금은 많이 친하지 않더라도 언젠가는 직접적으로 마주칠 가능성이 항상 열려 있는 사람이다. 지금 그의 축복된 날을 축하해주지 않으면 당분간은 그와 친해질 기회가 없을지도 모른다.

부득이한 사정으로 결혼식에 참석하지 못하게 된다면 꼭 미리 전화로라도 축하한다는 마음을 전해야 한다. 축의금도 굳이 계좌번호를 알지 않아도, 청첩장에 나온 주소만으로 전달이 가능하다. 우체국 서비스를 이용하면 간단하게 해결할 수 있다. 그리고 이왕이면 내려던 금액에서 조금 더 써라. 경조사비 아끼는 여자 주변엔 남는 사람이 없음을 명심하라.

지인의 경조사에 다녀온 뒤라면, 신혼여행은 잘 다녀왔는지 후일 처리는 잘 되었는지 마음은 좀 편해졌는지 안부도 묻고 더 발전된 관계로 만들기 위해 노력하여야 한다. 물론 지인의 경조사에 참석해야 하는 이유가 그와의 관계를 돈독히 하기 위해서만은 아니다. 함께 더불어 가는 세상에서 서로가 서로를 챙긴다는 것만으로도 마음은 훈훈해진다. 이런 관계가 내 주변에 많아질수록 사는 게 더 풍요로워진다. 나이가 들수록 남는 것은 사람밖에 없다는데 지금부터 마음을 꼭꼭 닫고 폐쇄적으로 살아간다면 삶이 얼마나 딱딱하겠는가. 지인의 경조사에 꼭 참석하는 사람 치고 마음이 따뜻하지 않은 사람 못 봤다. 마음이 따뜻하고 푸근한 사람은 더 많은 사람을 포용할 수 있는 그릇을 갖고 있으며, 그 에너지를 주변에 발산한다.

많은 여자들이 어느 순간부터 지인의 경조사를 등한시하지만, 한결같이 자기 일처럼 생각하며 발품을 파는 여자들이 얼마든지 있다. 많은 사람들이 시간 낭비, 돈 낭비라고 생각할 때 진심을 다해 나의 든든한 지원군들을 만들고 있는 것이다. 그리고 그것은 나중에 결국 성공과 행복의 자산이 되어 나를 채워줄 것을 그녀들은 알고 있다.

chapter 4

저축이란 것은 정말 가치 있는 곳에 돈을 쓰기 위하여 돈을 당분간 모은다는 뜻이다. 은퇴 후를 위한 은퇴자금 준비, 언제 병원을 가더라도 걱정 없을 만큼의 건강을 위한 비상자금 준비. 이러한 것들도 모두 소비의 일부분이다. 검소한 생활태도와 저축습관을 가지고 평생 짠돌이 짠순이처럼 살라는 이야기가 아니다. 현재 얼마를 소비하느냐가 중요한 것이 아니란 것, 얼마나 가치 있는 것에 돈을 쓰느냐가 중요하단 것, 그리고 현재보단 미래를 대비하는 태도가 더 아름다운 내일뿐만 아니라 행복한 오늘을 만들어간단 것……. 그리고 이러한 건강한 가치관을 가지고 있기 때문에 상대방에게 휘둘리지 않고 나의 인생을 더 야무지게 가꾸어나갈 수 있는 것이다.

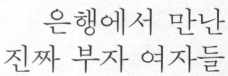

은행에서 만난
진짜 부자 여자들

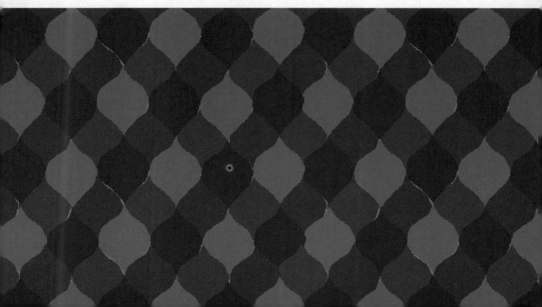

많은 시간을 소비하면서
인생을 어떻게 보낼 것인가를 고민할 만큼
인생은 그리 길지 않다.

• 새뮤얼 존슨 •

얼마를 소비할지가 아니라
어디에 소비할지로 고민하라

　능력 있는 싱글녀였던 A가 결혼 전 모아놓은 돈이 약 250만 원밖에 되지 않는단 것은 예비남편에게는 충격 중 충격이었다. 넉넉한 집안의 막내딸인 그녀는 연봉도 적지 않은 디자인회사에서 몇 년간의 봉급생활도 한 터였다. 공부도 열심히 하고 성실하기도 해서 아버지가 지원해주시는 등록금 외에도 교외장학금을 받고 용돈으로 쓰기도 했다. 미술을 전공한 덕에 대학 때부터 그림책의 삽화나 캐리커처를 그리는 아르바이트도 틈틈이 해왔을 정도였다.

　그런 그녀가 스물아홉 해 동안 달랑 청약통장 한 개와 입출금통장 한 개만 가지고 버는 돈은 족족 다 써버렸다는 것은 부모님도 믿기 어려운 사실이었다. 딸이 평소에 워낙 야무졌기에 재무관리 정도는 알아서 잘할 것이라고 생각하고 전혀 묻지도 않아온 터였다. 그러나 막상 그녀의 재정 상태는 가족과 예비남편 모두의 예상을 빗나갔고, 더 당황한 건 그녀 자신이었다. 미대 동기들과는 달리 옷이나 장신구를 좋아하는 것도 아니어서 변변한 옷과 가방, 신발 하나 없었고 그렇다고 어렸을 적부터 꿈꿔왔던 아프리카 봉사 일주를 다녀온 것도 아니었다. 처음에는 예비남편 보기가 민망해서 나름 합리적인 소비였다고 변명하기 급급했는데 스스로 가만히 생각해보자 다 자신의 잘못된 소비습관 때문이었다는 판단을 내리게 되었다. 그녀는 시내 서점에 나가서 재테크서적 3권을 구입하여 읽기 시작한 것으로 이전과는 다른 재정 관리를 시작하게 되었다.

A는 어디에 돈이 어떻게 새어나가는지 파악하기 위하여 가계부를 쓰기 시작했다가 별 부담 없이 써버리는 1~2만 원의 소비성 지출을 줄이지 않고는 가계부 쓰는 것도 결국 '밑빠진독에 물 붓기'밖에 안 된다는 생각이 들었다고 한다. 우선 급여의 50~70퍼센트는 급여가 들어오자마자 저축을 해야 한단 것도. 강제저축인 디폴트 옵션이 없이 입출금통장에 쌓아놓는 돈은 결국 쥐도 새도 모르게 사라지고 만다는 걸 깨달은 것이다.

A는 가계부를 쓰고 결혼 후에는 저축을 생활화하자고 스스로와 약속했고 남편에게도 적극적으로 의사를 알렸다. 물론 A의 남편은 그녀의

결심을 믿었고 결혼 후에도 모든 재정 관리를 그녀에게 맡겼다.

다이어트와 마찬가지로 재정관리도 조금만 고삐를 풀면 걷잡을 수
없는 상태가 되고 만다. 그러나 대부분의 사람들은 정신없이 헐레벌떡
음식을 흡입하는 것이 미련하다는 것은 알지만, 소비를 권장하는 현대
사회에서는 무절제하게 소비하는 것을 당연하게 생각하는 경우가 많다.
큰 위기에 처해본 적이 없으므로 남들 하는 대로만 하고 살아도 인생이
잘 굴러갈 것이라고 생각하기 때문이다. 그러나 그것은 엄청난 판단착
오다. 우리 주변에 눈에 보이지는 않지만 개인파산을 당했거나 겉만 화
려하지 속은 텅텅 빈 채로 힘든 생활을 이어가는 사람이 적지 않다. 먼
저 핀 꽃은 먼저 지기 마련이다. 젊었을 때 남만큼, 아니 남보다 더 화
려하게 살고 싶어서 급하게 서두르다 보면 멀지 않은 때에 큰 후회를
하게 된다는 말이다. 그렇기 때문에 우리는 한 살이라도 젊었을 때 올
바른 소비습관과 저축의 중요성을 깨달아야 한다. 우리 모두가 당연히
원하는 안정되고 아름다운 노후는, 20대와 30대의 소비성향과 저축태
도를 보면 한 치의 오차도 없이 예측되기 마련이다.

A는 결혼을 기점으로 싱글시절 계획에도 없는 지출을 많이 해왔다는
것을 알게 되었다. 이제는 약속 때문에 시내에 나가도 몇 번 사서 입지
도 않을 옷을 쇼핑하느라 로드숍을 배회하던 습관을 버렸다. 컴퓨터 내
의 즐겨찾기 리스트를 빼곡히 채우던 '시간 때우기용' 인터넷 의류 쇼

핑몰 사이트도 삭제했다. 계절이 바뀌면 뭐 바꿀 거 없나 살 거 없나 궁리하던 나쁜 버릇도 고쳤다. 이제는 계획에 있던 소비생활을 통해 진짜 필요한 물건만을 좋은 브랜드에서 장만할 준비가 되었다. 수입의 반 이상을 저축하는 것에 대해서 처음에는 어려움을 느꼈지만, 다행히도 요요현상 없이 꾸준히 저축을 유지할 수 있었다.

지인의 지인 중에서 뇌에 이상이 생긴 것처럼 자신이 새로 가지게 된 호화로운 물건을 자랑하지 않으면 견디지 못하던 여성을 만난 적이 있다. 그녀는 새로 장만한 가방과 옷을 많은 사람들에게 보여주지 않으면 삶이 무료하다고 느끼는 듯했다. 오직 외양을 꾸미고 화려한 삶을 사는 데만 치중하는 듯 보이던 그녀는 "나는 평생 20대처럼 살 거야."라는 말을 하며 계속적으로 얼굴에 손을 대는 성형중독자이기도 했다. 그녀가 화려한 것을 좋아하고 성형을 하는 것이 문제가 아니라 남들의 주목을 받지 못하면 며칠도 견뎌내지 못할 정도로 외로움을 타던 건강하지 못한 정신력이 위태로워 보였다. 그녀뿐 아니라 그녀의 주변 사람들도 그녀와 비슷한 사람들만 모였기에 결국 자신이 왜 외로움을 느끼는 것인지 깨닫지 못했다. 주변 사람들에게 피해는 주지 않았기에 큰 문제가 되지는 않았지만 그녀의 삶이 결코 행복해 보이지는 않았다.

아무리 정신적으로 건강한 사람이라고 해도 남의 시선을 전혀 의식하지 않고 살지는 못한다. 세상은 혼자 살아가는 것이 아니라 여럿이 어울려 살아야만 하는 사회적인 동물인 인간이 모여 있기 때문이다. 언론과 기업에서 '소비지향주의 시대'를 찬양하고 폼생폼사형 인간들이 주위에 넘쳐나도 자신의 고유한 가치를 존중할 줄 아는 여자가 결국 누가 봐도 존경할 만한 멋진 인생을 살아내기 마련이다.

내가 가장 답답해하는 부류의 여자들은 자기가 진짜 살고 싶은 인생이 무엇인지에 대한 어떤 고민도 없이 남들 눈에 보기 좋아 보이는 삶에만 집착을 한다. 그런 여자가 얼마나 되냐고? 많다. 생각보다 많다. 그리고 나이가 점점 들어갈수록 더 남의 시선을 의식하는 삶을 쫓느라 정작 나한테 중요한 게 무언지 놓치는 경우가 더 많아진다.

> "제대로 잘 살아가는 사람이란, 인생의 문제란 문제는 모두 제거하는 사람을 말하는 게 아니다. 자기 마음의 심지를 외부에서 내부로 돌릴 줄 아는 사람이다."
>
> — 《행복한 이기주의자》(웨인다이어 지음) 중에서

돈을 언제 모으고 어떻게 쓰느냐는 당사자의 가치관을 보여준다고 해도 과언이 아니다. 그렇다고 남에게 훌륭한 사람처럼 보이기 위해 억지로 절약하고 검소하게 생활하라는 것이 아니다. 아무리 올바른 절약 습관과 소비생활을 유지한다고 해도 그것마저 보이기 위한 것이라면 오래 유지되지도 못할 뿐더러 어느 순간 갑자기 억눌렸던 것이 폭발하며 마구잡이로 소비를 하는 심각한 요요현상마저 생기기 때문이다. 그래서 남들의 이야기에 휘둘리지 않는 정말 똑똑한 여자들은 '남이야 남의 인생이고 나는 내 인생이야!'라며 정말 자기가 원하는 삶, 추구하는 인생을 위하여 돈을 벌고 저축하고 소비한다. 웨인다이어처럼 자기 마음의 심지를 외부에서 내부로 돌릴 줄 아는 것이다.

지인들과 재테크에 관한 상담을 하면서 가장 많이 듣는 이야기 중 하나가 "도대체 월급이 다 어디로 갔는지 모르겠다."이다. 물론 통장과 카드 입출금 내역만 출력해보면 지출내역을 알 수 있지만 그만큼 돈 쓸데가 많다는 한탄이 담겨 있다. 남들이 평균적으로 하는 것만큼만 쫓아가는데도 월급 통장이 바닥난다는 것이다. 사람들은 결혼 후에 남자보다 여자가 가계부를 맡는 것이 더 절약하고 저축할 수 있다는 것을 알고 있다. 부모님 세대를 보면서 사업이나 투자 등으로 대형 사고를 치는 쪽은 주로 남자라는 것을 여기저기서 보았기 때문에 집안의 경제권을 여자가 맡는 것이 낫다는 것과, 따라서 남자의 말보다는 여자의 말에 따라 저축하고 소비하려고 한다.

그러나 이런 것도 옛말인 것이 요즘은 여자들 사이에서도 아끼고 절약하는 풍토가 아니라 소비에 집중하고 더 좋은 것만을 구매하고 자랑하려는 허영에 찬 여자들이 점점 늘고 있다. 결혼 전은 말할 것도 없고, 결혼 후에도 아이를 위해서 최고가의 유모차, 수백만 원에 달하는 수입 영어 CD전집을 사지 못해서 남들 하는 만큼도 못한다고 푹푹 한숨 쉬는 모습을 종종 목격하고는 한다. 지속적인 국가의 장기불황 때문에 한창 자아실현을 할 나이에 하루 벌어 하루 먹고 사는 일본 젊은이들의 모습이 미래의 우리의 모습과 다르지 않다는 것은, OECD국가 중 우리나라의 가계저축률이 가장 빠르게 최하위권으로 추락하여 일본과 겨우 0.2% 차이만을 남겨놓았다는 것이 전혀 이상하지 않은 셈이다.

저축이란 것은 정말 가치 있는 곳에 돈을 쓰기 위하여 돈을 당분간 모은다는 뜻이다. 은퇴 후를 위한 은퇴자금 준비, 언제 병원을 가더라도 걱정 없을 만큼의 건강을 위한 비상자금, 부채 부담 없이 쾌적하고 아름다운 환경에서 주거할 수 있는 준비. 이러한 것들도 모두 소비의 일부분이다. 검소한 생활태도와 저축습관을 가지고 평생 짠돌이 짠순이처럼 살라는 이야기가 아니다. 현재 얼마를 소비하느냐가 중요한 것이 아니란 것, 얼마나 가치 있는 것에 돈을 쓰느냐가 중요하단 것, 그리고 현재보단 미래를 대비하는 태도가 더 아름다운 내일뿐만 아니라 행복한 오늘을 만들어나간단 것……. 그리고 이러한 건강한 가치관을 가지고 있기 때문에 상대방에게 휘둘리지 않고 나의 인생을 더 야무지게 가꾸어나갈 수 있는 것이다. 그래서 우리는 한 살이라도 더 어릴 때 내 재정에 관해 관심을 갖고 미래를 준비하는 태도를 가져야 한다. 사실 이건 누구나 다 머리로는 아는 것이다. 사람은 사회적인 동물이기 때문에 자꾸 남과 비교하느라, 알지만 실천하지 못하는 나약한 존재일 뿐이다. 어쩌면 수천억 원의 광고비를 미디어에 투자하며 소비자에게 더 근사한 물건을 가진 사람이 더 근사한 인생을 사는 것 마냥 잘못된 메시지를 지속적으로 주입시키고 지갑을 열도록 종용하는 대기업을 이겨낸다는 것은 거의 극기의 수준에 도달하는 것이다. 그러나 현명한 여자라면 나를 휘둘리게 만들려는 게 대기업이든 그 누구이든 쉽게 설득 당하지 않고 나의 주관에 따라 현명하게 소비하며 인생을 자신 있게 창조해나갈 줄 알아야 한다.

그녀들은
인생을 배우기 위해 저축한다

몇 달 전, 첫 책을 출간하고 오랜만에 만난 동창이 인생이 우울하다는 이야기를 쏟아냈다.

"요즘 사는 즐거움이 없어. 원래 인생이 별 볼 일 없다는 건 알긴 했지만 그래도 요즘처럼 우울한 적은 없었어. 매일 아침에 일어나서 다람쥐 쳇바퀴 돌듯 회사 가고, 갔다 오면 집 좀 대충 치우고 먹고 자고. 주말에도 잠만 늘어지게 자다 보니까 도대체 왜 이러고 사나 싶어. 특별히 바쁘진 않은데 머리 쓰는 일 자체가 싫어. 물론 재테크도 신경 안 쓴지 오래 되었고. 예전에 적금 들어둔 거 하나 있었는데 그거 아직도 살아 있나 모르겠네. 암튼 다 싫다, 요즘은……. 나 원래 이랬니?"

그녀의 이야기를 한 시간 내내 듣자 내 기분마저 함께 우울해졌다. 그녀의 입장이 되어서 공감하고 싶었고, 문제를 함께 해결해주고 싶어졌다. 여러 방면으로 문제점을 찾아보았지만 결국 건넬 수 있는 답은 하나였다.

"너 옛날하고 달라. 너 지금 굉장히 무기력해 보여. 바로 그게 원인인 것 같아."

말도 안 되는 소리라고 일축할 수도 있겠지만, 은행에서 오래 일하면서 성격과 재테크에는 적지 않은 연관관계가 있음을 알게 되었다. 모든 경우의 수에 적용되진 않을지라도 어떠한 성향을 갖고 있느냐가 인생에 적지 않은 영향을 미칠 테고 자산관리도 삶의 중요한 축의 하나이므로 둘 간의 상관관계가 있다는 것은 당연한 것 아닐까. 나는 어떠한 자료에서도 이에 관한 객관적인 증거를 찾지는 못했다. 그러나 최소한 2가지 성향은 적금을 만기까지 끌고 가느냐, 그렇지 못 하느냐를 나누는 데는 중요한 요인이라고 확실히 말할 수 있다. 우울한 성향을 갖고 있거나 강인한 근성이 없으면 금융상품을 중도에 해지할 확률이 높았고, 자산관리도 소홀히 다루어졌다. 당연히 재테크를 통해 삶의 질을 높여나간다거나 열심히 저축하여 종자돈을 모은다는 것도 결코 쉽지 않았다. 그러나 나는 사람의 성격이 쉽게 바뀌지 않는다는 것을 누구보다 잘 알면서도 수많은 자기계발서들이 많은 인기를 끄는 것을 보며 내재적인 변화를 끊임없이 갈망하는 사람들을 눈치 챌 수 있었고 물론 나

또한 좀 더 나은 성향의 스스로가 되기를 늘 바랬다. 우울한 적도 많았지만 서서히, 꾸준히 밝은 면을 많이 보이려고 노력했고, 게을러질 때마다 정신을 똑바로 차리도록 노력했다.

재테크에 전혀 관심이 없던 사람은 인생의 목표가 생겼다는 이유만으로도 저축에 신경을 쓰게 된다. 삶의 의미를 부여한다는 것은 무기력함에서 벗어나고 목표를 이루겠다는 근성이 생겼다는 뜻이다. 태어나서 한 번도 적금이 만기까지 가본 적이 없다는 고객이 왔는데, 나에게 '어떻게 하면 적금을 중도에 깨지 않을 수 있죠?'라고 물었다. 너무 쉬운 질문이기도 하지만 직접적으로 은행원에게 방법을 묻는 고객은 잘 없었기에 당황했다. 생각을 정리해서 제대로 대답하고 싶었다.

겸연쩍게 '그냥 열심히 저축하는 거죠, 뭐.'라고 엠****의 광고를 따라서 간단히 대답할 수 있었던 내가 머리를 푹 숙이고 골똘히 생각에 잠겼던 데는 다른 까닭이 있었다. 의욕이 없던 삶에서 의욕이 있는 삶으로 바뀌는 찰나, 사람들은 내팽개쳤던 재테크에 대한 관심도 함께 끌어올린다. 누구에게나 인생의 한 번쯤은 그런 순간이 존재하기 때문이 아니라, 한 번도 그런 순간을 경험하지 못하는 사람이 부지기수이기 때문에 나는 그녀와 단 몇 분이나마 함께 고민을 나눌 수 있다는 것이 반가웠다. 은행원으로서 참 감사한 순간 중 하나이기도 했다.

종자돈을 모으는 데는 의욕적이고 근성이 있는 적극적인 성향이 중요하지만 달성할 수 없는 무리한 목표는 설정하지 않는 겸손한 성향도 빼놓을 수 없기에 저축 잘 하는 방법이 무엇이라고 단정 지어 이야기할 수는 없다. 단, 자신이 도달할 수 없는 지나치게 큰 재무 목표를 세우고 스스로를 지나치게 들볶거나 한 번에 결과를 얻어내려고 하면 안 된다. 무엇보다 꾸준히 나아가는 게 중요하다. '사람은 백만 불을 버는 데까지가 힘들다. 그 다음에는 돈이 돈을 벌어온다.'는 미국 재테크 베스트셀러의 문구처럼 인생의 멋진 왕관을 쓰려는 여자는, 그 무게를 견뎌낼 만한 근성을 조금씩 장기적으로 연습해야 한다. 그러면 어느 순간부터는 신경을 쓰지 않아도 저절로 그렇게 된다.

금나나 씨는 '하루하루 나아진다는 것에 기쁨과 행복을 느낀다. 칼루이스처럼 될 수는 없지만 100미터 달리기를 매일 연습하다 보면 어제보다는 나아진다. 엄청난 자신감과 열정은 자기 신념을 믿는 사람들의 특징이다. 성공은 다른 사람이 놓친 것을 계속 집착하는데 있다.'라고 말했다. 저축 잘 하는 방법을 알아나가는 과정에서 이런 이야기를 자꾸 끄집어내는 것은 근성을 갖도록 노력하고 무엇을 하든 꾸준히 하는 습관이 목돈 마련의 기본자세이기 때문이다. 그래서 적금이든 예금이든 강제성이 없는 금융상품을 항상 만기까지 가져갈 수 있는 습관을 가진 사람은 다른 어떠한 일을 해도 성공할 가능성이 그만큼 높기도 하다. 저축을 중도에 포기하는 가장 큰 이유 중 하나는 무리한 금액을 자동이체 시켜놓고 돈 쓸 일이 생기면 별 부담 없이 해약해버리기 때문이다.

중간에 급전이 필요한 경우가 많다면 30만 원짜리 적금이나 펀드를 1
개 개설하는 것보다 10만 원, 10만 원, 10만 원씩 쪼개어서 가입하면
될 것인데, 통장이 여러 개 생기더라도 조금의 귀찮음만 극복하면 되지
않을까.

금융상품에 대한 이해가 부족하다해도 연 4% 금리의 예금을 복리로
굴려나가면 5년 뒤에 연 13%의 복리수익률을 올릴 수 있다. 속칭 '예
금풍차 돌리기'라는 위의 방법은 1년 12개의 정기예금으로 쪼개어서
예금을 가입하고 만기 시 이자와 원금을 함께 재예치하는 방법이다. 현
금유동성 확보와 복리수익, 저축하는 재미를 얻는 것이 가장 큰 목표이
다. 그러나 예금이나 적금은 시시하다고 속상해하지 말라. 적립식펀드
풍차돌리기, ELS풍차돌리기 등등 공격적 투자성향을 가진 사람도 얼마
든지 응용할 수 있다.

한 가지 질문을 던져보도록 하겠다. 저축이 어려운 이유는 비단 앞
에 말한 것뿐일까? 20대 후반과 30대 초반으로 넘어가는 시기에 결혼
을 하면서 집 때문에 대출을 하는 사람을 많이 보았다. 물론 학자금이
나 다른 개인 사정 때문에 더 어린 나이에도 대출을 갖는 경우가 종종
있다. 급하게 돈이 필요해서 상대적으로 이율이 높은 신용대출을 계획
에도 없이 갖는 경우도 적지 않았다. 한번 대출을 하게 되면 우리가 상
상하는 것 이상으로 완제하는 것이 얼마나 어려운지 모른다. 그런데

결혼을 시작하면서 대출 1억 원 정도 갖는 것을 대수롭지 않게 여기는 신혼부부가 참 많다. 특히 남자보다도 여자가 더 대출에 대한 인식이 약하다.

만약 1억 원을 대출하는 데 대출이율이 5%라고 한다면 어떨지 계산 해보자. 매월 약 417,000원씩 이자를 갚아야 하는데, 매월 40만 원이 므로 큰돈이라고 생각지 않을 수 있다. 그러나 1년 동안 총 500만 원이 고 3년만 지나도 이자만 약 1,500만 원을 지게 되는 데다 5년만 끌고 가도 이자만 2,500만 원을 내는 것이다. 특히 신용대출인 경우에는 문 제가 더 심각하다. 대출의 늪에 허덕이기 시작하면 빨리 빚부터 갚아야 하니 저축을 통해서 종자돈을 마련하겠다는 계획은 점점 더 요원해지 므로, 목돈마련의 시기가 그만큼 늦춰지기 마련이다. 그나마 대출을 빨 리 완제할 수 있는 방법은 원금과 이자를 동시에 갚아나가거나 강제저 축을 통해서 목돈을 마련하여 원금을 한 번에 완제해버리는 것이다.

당신이 성공적인 저축을 하는 데 있어서 앞을 가로막는 또 다른 훼방 꾼은 무절제한 소비성향이다. 종자돈을 마련하고 싶다면서 끊임없이 무엇을 소비할지 고민만 해댄다면 그녀의 앞날은 뻔하지 않겠는가. 된 장녀 바람이 불고 얼마 지나지 않아 '나를 위한 현명한 투자와 소비를 지향하는 새로운 소비트렌드'로 포미족이 잠깐 부상했다. 의미 없는 소 비를 지양하자고 주장하는 이유는 다음과 같은데, 여자의 물건은 많으 면 많을수록 삶을 번잡하게 만들기 때문이다. 진짜 부자 여자들은 소비에 대한 접근성을 떨어뜨리기 위하여 지갑을 얇게 유지한다는 것을 기억하기 바란다. 100만 원에서 1~2만 원은 우스워 보이지만 10만 원에서 1~2만 원은 우습지 않다. 항상 돈을 쪼개어서 하나를 사도 신중하게 구매하는 환경을 조성해놓도록 한다. 대신 지갑을 열어야 할 순간이 오면 5년 이상 쓸 물건이라면 물건을 고를 때 가장 비싼 물건으로 골라라. 또 선택 기준을 정해서, 가격, 품질, 성능, AS기간까지 꼼꼼히 따져보고 사라. 아예 소비통장을 만들어서, 소비를 할 수 있는 최대한도를 정해놓고 그 안에서만 소비를 하는 습관을 만든다면 지출을 통제하는 데 반드시 성공할 것이다.

많은 사람들이 돈을 많이 버는 데에만 집중하지, 돈을 절약하는 데는 큰 신경을 쓰지 않는다. 푼돈을 아껴봤자 목돈 마련에 티도 안 난다고 생각하기 때문이다. 그러나 푼돈 자체가 중요한 것이 아니라 절제감 없는 정신력과 습관 하나하나가 모여서 자산관리와 더불어 건강한 인생마저 훼손할 수 있다고 계속 말하지 않았던가. 이제 절약과 절제가 불러오는 긍정적인 효과들에 대하여 깊이 있게 생각해보기 바란다.

마지막으로, 여자가 저축에 집중하는 것이 단순히 종자돈을 마련하기 위해서만인지 물어보고 싶다. 그것이 아니라면, 저축과 절약을 하면서 얻는 부가적인 가치들 중에 단연 최고로 꼽고 싶은 것이 있다. 우리는 절약과 저축을 통해 무엇을 얻어낼 수 있을까? 바로 사람들의 존경을 이끌어낼 수 있다. 소비지향주의 시대로 흘러가는 듯 보이지만 사람들은 능력이 있으면서도 근검절약하는 절제감 있는 사람을 절대 함부로 보지 못한다. 이 사회의 리더로 손꼽히며 수많은 이의 존경을 받는 사람 중에 흥청망청 돈을 쓰는 동네재벌이나 개념은 국에 말아먹은 듯한 유명인이 한 명이라도 있었는지 생각해보라. 몇 시간을 생각해도 떠오르지 않을 것이다.

남편의 존경을 이끌어내어 행복한 가정의 동등한 리더로 대우받는 여자들은 대개 현명한 소비와 근성 있는 저축을 훌륭히 수행해낸다. 그녀들은 저축하면서도 순간순간의 인생을 즐길 줄 알고, 절약하면서도 가치 있는 물건들로 집안을 채워나간다. 남편의 존경을 이끌어낼 수 있는 아내는 결국 자녀에게도 훌륭한 엄마로 자리매김하기 마련이다.

현명하게 소비하고, 알뜰하게 저축하면서 멋진 인생과 가정을 꾸려나가는 것, 생각만큼 어렵지 않다. 그동안 종자돈을 모으지 못했던 이유를 차근차근 되돌아보고 새로운 첫걸음을 밟기 바란다. '행동을 초래시키지 않는 생각, 그것은 생각이 아니라 공상이다.'라는 엘리자램브마틴의 말을 마음에 꼭 담아두면서.

재테크의 개념부터
뜯어 고쳐라

은행 창구에 앉아 고객님에게 금융상품을 설명하다보면 왜 '돈은 돈을 좋아하는 사람에게 간다.'라고 하는지 깨닫게 된다. 전에는 단순히 돈 욕심이 많은 사람은 소비를 줄이고 악착같이 재테크하여 높은 수익률을 얻기 때문에 나온 말이라고 생각했다. 그러나 대부분의 부자는 높은 수익률보다는 지금 가진 자산을 소중히 생각하고 악착같이 지키는 데에 더 열중했다.

세상에는 적은 종자돈을 가지고 시작하여 많은 자산을 축적한 부자들이 그렇지 않은 사람보다 훨씬 적다. 과거 부동산 불패 신화를 만들어가며 땅과 아파트, 건물에 투자한 자수성가형 부자들은 팝콘처럼 돈이 팡팡 몇 곱절로 뛰어주기만을 바랬던 것은 아니다. 그들은 '동일한 구역에 인구가 증가하는 한 건물값이나 아파트 값은 인구 유동성에 따라 하락하여도 한 번 오른 지대값은 떨어지지 않는다.'라는 확신 때문에 부동산을 믿고 투자했다. 리스크가 적은 부동산에 투자한 후, 서울 및 수도권의 인구 버블 현상과 함께 땅값은 물론 건물값까지 껑충껑충 뛰었고 이는 몇 곱절의 수익을 안겨다주었다.

1년 전쯤, 은행 사내 메신저에서 직원들의 볼멘소리가 나왔다. 주로 저축은행과 같은 건물에 위치한 지점들이었는데 'A저축은행은 여기보다 금리를 2~3배나 더 준다. 제1금융권 이자가 이렇게 낮아서야 어디 저축하겠느냐?'라면서 항의를 한다는 것이다. 특히 고금리의 8~9퍼센트 수준의 후순위채권을 발행한 날은 A저축은행 안에 고객들이 꽉 찬 것도 모자라 채권을 사려고 문 밖으로 길게 줄 서 있다고 했다. 후순위채권은 확정금리로는 최고수준이고, 기업이 도산하지 않는 한 주식보다는 안전하다고 여겨지지만, 얼마 전에 줄도산한 저축은행들의 신용등급은 B내지 BB수준으로 대부분 '투기등급'으로 분류되었다. 'IMF가 다시 오지 않는 한, 설마 저축은행이 도산하겠어?'라는 믿음으로 자산을 넣어둔 고객들은 마음고생을 심하게 하고 있다.

유일한 자산인 집을 팔고 새로 집을 알아보러 다니다가, 부동산 가격이 자꾸 떨어지므로 조금 기다렸다가 집을 사려고 7억 원을 A저축은행에 몰아서 예치한 J씨는 원칙적으로는 예금자보호대상에 속하는 5천만 원을 제외한 6억5천만 원은 돌려받지 못한다. 그는 걱정 때문에 건강이 자꾸 악화되어 현재 병원에 입원하였다.

아직 20~30대에 불과한 여성들은 J씨처럼 큰 목돈을 쥐고 있지는 않다. 문제는 대부분의 여성 모두 언젠가 가정을 만들고 가계자금을 운용하게 된다는 것이다. 가계자산을 나름대로 잘 운영해나가는 여성들 중 특히 보수적인 여성들이 많은 것은 우연이 아니다.

가난할수록, 여자일수록,
주식과 부동산 공부를 하라

　젊은 여자들이 주식과 부동산 투자에 특히 소극적인 건 돈은 많은 정
보와 이성적인 판단력이 있는 남자가 버는 것이고 여자는 남자보다 뒤
처질 수밖에 없다는 구시대적 관념에서 완전하게 발을 빼지 못하고 있
기 때문이다. 특히 펀드나 소액의 주식투자에서 실패를 맛보고 나면,
역시 이곳은 나 같은 초짜가 발을 들여놓을 곳이 못 된다면서 평생 인
연을 끊으려는 경우도 있다. 그러나 투자에 소극적인 사람은 점점 더
부와 멀어지게 될 뿐이다.

　과거에는 높은 금리 덕분에 목돈이 있으면 이자만으로도 먹고 살 수
있던 시절이 있었다. IMF 때에는 10퍼센트를 훨씬 웃도는 금리 덕분에

부자들의 천국이었다고도 하니, 가난한 사람들에게 더 힘든 시절이었음이 분명하다. 그러나 이제는 세상이 달라졌다. 전 세계적으로 금리가 점점 낮아지고 있고 갈 곳을 잃은 돈은 직접투자시장으로 옮겨가고 있다. 다행히 주식을 공부할 수 있는 책과 인터넷 카페 등에 쉽게 접근할수 있을 뿐만 아니라, 모의투자 시뮬레이션 프로그램을 통하여 이론 또한 실전처럼 연습하기 쉬운 세상이 함께 도래했다. 이제 이 시대의 20, 30대 여자인 당신은 직접투자를 남의 일이라고 치부하지 말고, 그 위에 '이론과 실전을 통한 실력'을 얹어야 한다. 부란 끊임없는 노력 위에서만 탄생하기 때문이다.

은행 창구에는 주식 거래를 시작하고자 증권연계계좌를 개설하러 오는 고객들이 쏠쏠치 않게 있다. 몇 년 전만 하더라도 직장인 남성들이 대부분이었지만 최근에는 젊은 여자 고객들도 가끔 온다. 한번은 입사한 지 1개월도 채 되지 않은 대학교 1학년처럼 보이는 동안 외모의 고객이 주식 관련 책을 한아름 들고 찾아왔다. 나는 급여통장과 동시에 증권계좌를 개설하는 그녀의 경제적인 재기발랄함과 도전정신에 감탄하며 물었다.

"직접투자하시려나 봐요. 공부할 것도 많고 입사한 지 얼마 안 되어서 바쁘실 텐데 어렵지 않으세요?"

그녀는 잠깐 생각에 잠기더니 이내 또랑또랑한 목소리로 대답했다.

"아직 종자돈도 없고 목돈을 벌겠다는 생각으로 하는 건 아니고요, 관심 있는 종목을 하나라도 사두면 저절로 뉴스에 흥미도 가고 경제공부가 될 것 같아서요."

아직 입사한 지 한 달도 채 되지 않았지만 주식투자를 통해서 세상과 경제의 흐름을 찬찬히 살펴보고 싶다는 그녀의 말에 많은 생각을 하게 되었다. 입사 1년차 때는 친구들을 만나 맛있는 것을 먹고 예쁜 옷이나 가방을 사는 데만 신경을 쏟는 데도 시간이 쏜살같이 흐르기 때문에 그녀의 발언은 신선했다.

주식과 부동산투자에 크게 성공하는 여자들은 '한방'이란 말을 거의 쓰지 않는다. 도박판에서 노름을 통해 망한 사람들이 '한방'이란 말을 더 많이 쓰듯이, 도박이 아닌 투자로 주식시장에 뛰어든 여자들은 공부와 실전연습을 통한 시행착오를 통해 조금씩 수익률을 높여나간다. 먼저 작은 실패와 실수들을 경험하고 나서야 적금금리보다 높은 수익률을 얻을 수 있고 목돈을 굴려나갈 수 있다.

문제는 대부분의 여자들이 주식이나 부동산에서 손해를 보고 나면 다시는 재테크에 손도 대지 않겠다는 보수적인 입장에 서는 것을 편안해 한다는 것이다. 그러나 남자들보다 감수성과 상상력이 풍부하고, 초현실주의적 사고에 능숙한 여자들이 재테크에 더 뛰어난 수완을 발휘하는 모습을 심심치 않게 목격하는 것은 결코 우연이 아니다.

유럽의 전설적인 투자자 앙드레 코스톨라니Andre Kostolany는 철학과 미술사를 전공하고 피아니스트가 꿈이었던 감성 예민한 청년이었다. 파리유학을 통해 투자자의 길로 들어서게 된 후, '투자는 과학이 아닌 예술'이라는 혁신적 가치관의 산 증인이 된다. '투자는 이성적이고 논리적인 사고를 가진 사람들만의 전유물'이라고 여기고 있는 당대 투자자들이 고개를 끄떡이며 인정하는 구시대적 사고에 조금씩 균열을 내던 예술혼을 가진 청년이었던 것이다.

역사 안에서는 예술적 재능과 투자경력을 동시에 가진 예술가들이 앙드레 코스톨라니 외에도 다수 존재한다. 앙드레 코스톨라니처럼 말도 안 될 만큼 큰 성공을 거둔 사람도 존재했지만 말 그대로 쪽박을 찬 예술가도 많다. 후기 인상파 화가 폴 고갱은 주식중개자로서 실패하고 타히티로 도주한 후 '타히티의 여인들'이라는 걸작을 남겼고, 도박 빚에 쫓기던 도스토예프스키도 빚을 갚고자 '죄와 벌'을 쓰기 시작한 것이다. 주식투자에 실패한 대니얼 디포가 60세가 넘어서 로빈스크루소를 발간한 것도 모두 투자 실패를 만회하려는 노력이었다. 그러나 결국 이들의 투자실패는 예술혼을 불태우는 결정적 계기가 되어주었다. 앙드레코스톨라니도 다른 예술가들처럼 몇 번의 파산을 경험한 후 자살까지 생각할 정도로 힘든 시기를 견뎌내었다.

예술도 그렇지만 주식시장도 보이는 것뿐만이 아닌 보이지 않는 것에 대한 상상력이 없으면 계속 잘못된 선택을 하게 된다. 문제는 한 번

실패했다고 다시는 주식이나 부동산에 투자를 하지 않겠다고 고개를 절레절레 흔드는 사람들이다. 그러나 시장은 몇 년을 주기로 경기가 순환하고 기회는 도처에 널려 있다는 것을 기억해야 한다. 조지 소로소와 함께 퀸텀 펀드를 설립해 12년간 이끌었던 세계적인 투자자 짐 로저스 또한 몇 번의 실패를 겪었지만 결국 폭락장에서 모든 사람들이 두 손 두 발 다 뻗고 도망갈 때, 어쩔 수 없이 시장상황에 따라 동반 폭락해버린 우량주들을 긁어모았고 큰 성공을 거두었다. 앙드레코스톨라니와 짐 로저스의 큰 성공 뒤에는 한치 앞도 모르는 주식시장에서 저점과 고점을 예측해내는 뛰어난 초현실주의적 상상 능력이 빠질 수 없다. 여기서 우리가 주목해야 할 점은, 일반적으로 이러한 감성적이고 직관적인 사고능력은 대개 남자보다 여자가 더 뛰어나단 것이다.

투자의 룰과 미덕은 여러 번의 실패를 통해 다져진 나만의 투자기법과 가치관까지 정해진 틀을 만들고, 그 틀을 벗어나지 않는 한도 내에서 타인에 의해 좌지우지 되지 않는 자신만의 추천종목을 만드는 것이다. 무엇보다 여자들이 재테크에 성공하기 위해서는 자신의 비논리적 사고체계에 대한 오해를 버리고, 초현실주의적 사고에 대한 우월한 자신감을 가져야 한다. 인생에 있어 재테크란 피할 수 없는 현실임이 분명하기 때문이다.

힘없는 자산 포트폴리오에
열정을 투입하다

　주식과 부동산을 공부하라는 것은 단지 높은 수익을 얻기 위해서만
은 아니다. 경제를 보는 감각적인 시각은 자신의 삶을 더 생동감 있게
꾸려나가는 모습과 다르지 않기 때문이다. 돈의 흐름을 포착하고자 노
력하지 않는 사람은 일상도 미래도 대충 꾸려나간다. 뭐든 대충 넘기는
사람에게 빛나는 비전이란 없다.

　15년 전, 빨리 내 집을 마련해야 한다는 핑계 때문에 생생한 부동산
정보를 구하려는 노력도 없이 왕십리에 집을 마련한 B고객은 성수대교
하나를 놓고 압구정동과 왕십리의 땅값이 수 배 벌어지는 것을 목격해
야만 했다. 삼성동의 땅값이 심상치 않은 조짐을 보였으나 통근을 하는

데 잠실이 약간 더 편하다는 이유로 잠실에 주택을 마련한 A고객도 시세차익 대박을 볼 수 있었는데 중박밖에 보지 못했다며 아직도 땅을 치고 후회한다. 어쩌다 보니 이제 대한민국 경제의 원동력은 이들 베이비부머 세대의 바통을 이어받을 이태백 세대, 우리가 되었다.

어쩌면 당신은 당신의 작은 종자돈을 예금에 예치해야 할지 주식이나 부동산에 투자해야 할지, 만약 주식을 산다면 어떤 종목을 골라야 하는지, 현재 부동산 전망은 어떤지 끊임없이 궁금해 하고 공부할 수도 있을 것이다. 나 또한 매일 아침 은행 내부 포털사이트에 업데이트되는 경제전망보고서를 꼭 챙겨 읽고 주말이면 투자관련 책과 기사를 스크랩하기 때문이다. 그러나 아무리 많은 보고서와 책을 읽고 트렌드를 분석하며 정답을 찾아내려고 노력해도 정답을 쉽게 찾을 수 없었다. 주식시장이나 부동산시장을 분석하는 애널리스트들은 정답을 말하기보다는 시류에 편승하며 다수의 의견을 좇는 경향이 있기 때문이다. 모두 코스피지수의 상승을 예측할 때 같이 상승을 점쳤다가 코스피지수가 하락하면 비난을 받지 않지만, 모두 코스피지수의 상승을 예측할 때 혼자 하락을 점쳤다가 코스피지수가 상승하면 비난의 화살을 홀로 온몸으로 받아내야만 한다. 당신이 만약 애널리스트라면 보고서를 낼 때마다 어떤 행동을 취하겠는가. 그렇다면 미래경제예측에 있어 반반의 확률밖에 없는 신문기사나 책들은 전혀 읽을 가치가 없는 것일까.

문제는 그것을 보고 정답을 가려내는 능력을 잘 계발했느냐 그렇지 못했느냐이다. 돈이 흘러갈 곳을 예측하는 능력은 오랜 시간 많은 노력의 결과로만 가질 수 있는 것임이 틀림없다. 누가 뭐래도 미래는 결국 열심히 공부하는 사람에게 행운을 주기 마련이고 나는 이 행운이 10년 안에만 내게 와줘도 무척 감사해할 것이다.

PB센터 전담 고객이었던 40대 S는 도대체가 돈을 투자할 때가 없다고 불평만 하는 대신에, 이곳 저곳에서 정보를 얻고자 고군분투할 궁리를 하였다. 그녀는 PB센터에 갈 시간이 없을 경우 우리 지점을 종종 찾고는 했는데 VIP룸에 대기고객이 많으면 내가 있는 상품판매창구에 와서 그냥 털썩 앉고는 했다.

그녀는 나를 긴장시키는 몇 안 되는 고객 중 하나였던 것이, 인사할 겨를도 없이 '오늘 주가는 어떻게 되죠? 캐나다 달러는 요즘 어떻게 움직이나요? 곡물시장 전망이 어때요?'와 같은 질문을 속사포로 쏟아냈다. 그녀는 나보다 나이도 많을 뿐더러 생각의 폭과 깊이도 넓어 보였지만 끊임없이 국내외 경제시장을 살피며 공부했다. 자산을 예금, 주식, 채권, 부동산에 나누어서 그때 그때 시장상황에 맞추어 배분하는 포트폴리오를 갖고 있었는데 그 모습이 마치 학교에서 배운 코스톨라니의 달걀모델을 떠올리게 했다. 대학교 때 한 번, 대학원 때 한 번, 경제교양도서에서 두 번, 총 네 번이나 공부했음에도 정확히 눈에 들어오지 않던 이 모델이 은행에서 S를 만나면서 서서히 윤곽이 잡혔다.

코스톨라니의 달걀모델은 금리에 따른 부자들의 투자패턴을 보여준다. 간단히 S를 예를 들어 설명하면 다음과 같다.

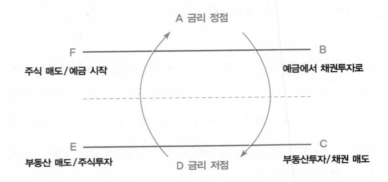

A 금리 정점

F ─────────────────────── B
주식 매도/예금 시작　　　　　　　예금에서 채권투자로

E ─────────────────────── C
부동산 매도/주식투자　　D 금리 저점　　부동산투자/채권 매도

코스톨라니의 달걀모델

A : S는 많은 돈을 가지고 있고 이 돈을 안전하게 보관하면서 높은 수익을 얻고자 고금리 예금 상품에 가입한다. 그러나 금리가 과열단계에 이르면 정부는 금리를 인하시키고 이자수익으로 재미를 못 보게 된 S는 다른 안전자산을 찾는다.

B : 이때 비록 예금만큼은 아니지만 비교적 리스크가 적고 시중금리보다는 높은 확정금리를 제공하는 채권이 눈에 들어온다. (은행에서 판매하는 채권 중 표면금리와 기업신용등급이 높은 것은 아침 9시1분에 마감 될 만큼 인기가 많다. 예금자보호 상품이 아니기 때문에 기간이 긴 것보다는 짧은 것이 마감이 빨리 되고, 고액 자산가들이 주로 찾는 상품이다. 그러나 대개 최저가입금액이 500만 원 정도로 낮은 편이기 때문에 일반투자자들도 관심만 있다면 얼마든지 가입할 수 있다.) 채권에 돈이 묶여 있는 동안 시중금리가 더 하락하고

그만큼의 시세차익도 얻게 된다. 그러나 채권 만기가 도래하고 다른 채권에 재투자하려고 하면 채권 표면금리는 낮아진 시중금리에 비례하여 덩달아 낮아져 있고 S는 더 이상 채권에 매력을 느끼지 못한다.

C : 예금이나 채권에 가입해봤자 세금이나 인플레를 따지면 마이너스라고 판단한 S는, 관리는 좀 번거롭지만 매달 꼬박꼬박 임대수익이 나오는 부동산에 눈이 돌아간다. 마침 계속된 경제 불황 때문에 저가에 부동산을 매입하게 되고 부자들의 계속된 건물 매입에 아파트나 토지의 가격이 덩달아 오른다. 이렇게 부동산 호황기가 오면 S는 임대수입이 너무 작다는 생각을 하게 된다. 건물 가격은 10억에서 30억으로 세 배나 뛰었지만 임대료도 같이 세 배를 올릴 순 없기 때문이다.

D, E : 이때 부동산 가격과 물가를 고려해서 정부는 서서히 금리를 인상시키지만, 아직 낮은 금리의 예금, 채권과 부동산 모두 마땅치 않은 S는 건물을 팔아버리고 시중자금이 부동산에 몰리는 바람에 낮아진 주식들을 저가에 매수한다.

F : 이쯤 되면 부동산가격도 어느 정도 높게 형성이 되어 있고 주식시장도 부활되었으므로, 정부는 경제를 부흥시키기 위하여 시중에 풀었던 자금을 더 거둬들이고 금리인상은 막바지에 이른다. 마침 S는 반가운 마음에 주식을 다 매도하고 원래 투자처인 예금에 자산을 맡겨둔다.

물론 경제가 이렇게 단순하게 움직이지는 않고, 환율이나 정책 등 다른 많은 요인에 의하여 예측불가능하게 이동하기 마련이다. 그러나 S를 비롯한 부자들의 기본적인 투자패턴을 잘 반영하는 표인 만큼 머

릿속에 집어넣고 있으면 책이나 신문기사를 읽을 때 경제의 흐름에 대한 이해가 더 빨라진다.

일부러라도 부자들의 다음 투자처가 어디가 될지 찾아보려는 노력을 하자. 그래서 그들보다 한 발짝 먼저 나의 자산을 투자하는 발 빠른 재테크 감각을 갖게 될 때마다 스스로를 칭찬하자. 그러면 틀림없이 당신은 더 부자가 되고 실제의 인생도 더 업그레이드 될 것이다.

똑같은 돈으로
은행에서 더 대접 받는 법

사실을 말하자면 모든 은행원이 항상 모든 고객들에게 똑같은 혜택을 제공하지는 않는다. 어떤 고객은 금리가 더 낮은 적금에 가입하게 되기도 하고, 수수료 면제 혜택을 받을 수 있는데 받지 못하기도 한다. 매일 수십 명의 고객을 만나는 은행원은 고객이 요구한 업무를 우선적으로 수행하다 보면, 고객에게 최고로 적합한 상품이나 서비스에 대한 설명을 못하고 넘어가는 경우가 허다하기 때문이다.

꼼꼼한 고객들은 집에 돌아가서 찬찬히 상품이나 서비스를 살펴보고는 더 나은 상품이 있다는 것을 알면 화가 나기 마련이다. 뿐만 아니라 은행원에 대한 신뢰가 떨어진다. 다른 VIP 고객들한테는 절대 이러지 않을 거면서 내가 예금한 금액이 적기 때문에 나를 부당 대우했다는 생각이 들기도 한다. 차별 받았다는 느낌 때문에 주거래 은행을 바꾸는 경우도 가끔 있지 않은가. 나의 거래등급이 높아지거나 예치금액이 많아지면 더 꼼꼼한 서비스를 받을 수 있을 거라고 생각하며 자포자기하기 십상이다.

그러나 나의 소중한 자산이 0.1퍼센트라도 높은 금리의 적금에 가입하고, 수수료가 가장 낮으면서도 수익률이 높은 펀드에 몸을 담으며, 예금 이체 시 쓸데없는 수수료 따위는 내지 않으려면, 은행에서 최고의 대우를 받는 것을 미리부터 포기해서는 안 된다. 실제로 은행원들은 커뮤니케이션이 잘 되는 고객에게 더 좋은 서비스를 제공하고 더 나은 상품을 하나라도 더 설명하려고 한다.

커뮤니케이션을 잘 하기 위해서는 입을 꽉 다물고 있어서는 안 된다. 실제로 창구에 앉자마자 인사도 잘 받지 않고 다른 생각을 하는 듯하며 빨리 업무를 처리해 달라고 재촉하는 듯한 제스처를 취하는 고객이 있다. 나는 그럴 때 고객에게서 느껴지는 급한 마음에 같이 덩달아 급해져서 업무만 후다닥 처리해버리고 만다.

은행에서 더 나은 혜택을 제공받기 위해서는 먼저 나를 오픈하여야 한다. 그리고 은행원이 하는 말은 일단 끝까지 들어보고 이해되지 않는 부분은 집요하게 물어보며 좀 더 유리한 결과를 찾아내야 한다. 대화에 부정적인 고객은 긍정적인 고객들보다 훨씬 주관이 뚜렷한 경우가 많기 때문에 은행원들도 섣불리 더 나은 제안을 하지 못한다.

은행에 오기 전 항상 뭔가를 얻어가겠다는 생각으로 더 많이 묻고 더 많은 정보를 얻어라. 그리고 은행원들의 자세한 설명에 감사의 표시를 함으로써 인간적인 교류로 발전하도록 하라. 나의 노력을 무시하지 않고 고맙다고 말해주는 고객에게는 향후에도 더 나은 정보를 제공하게 되어 있다.

재테크를 잘하는 여성들은 개방적인 태도를 취하지, 폐쇄적으로 상대를 대하지 않는다. 단절된 커뮤니케이션은 어떠한 방향으로든 이득을 주지 않는다는 것을 잘 알기 때문이다.

황금 왕관을 쓰려는 여자,
은행의 문턱부터 낮춰라

　그러나 정작 나는 은행원이 되기 전에는 은행을 그다지 좋아하지 않았다. 정확히 이야기하자면 싫은 것은 아니었지만 특별한 이유 없이 부담스러운 장소였다. 무료한 시간을 혼자서도 잘 견뎌내는 편이라 긴 차례를 기다리는 것은 어렵지 않았지만 막상 창구에 앉아 은행원을 마주하면 어색했던 듯하다. 은행은 어쩔 수 없이 1년에 두세 번 오면 되는 곳일 뿐, 내게 그 이상 이하도 아니었다. 그러나 지금 은행원이 되어 돌이켜 보니, 은행은 누구에게나 불편할 수 있지만 그 누구도 완벽히 벗어날 수는 없는 곳이었다. 어차피 끝까지 함께 가야 한다면 일찍부터 친해지는 게 편한 곳일 뿐이었다.

관록과 여유를 지닌 기성세대들보다 20, 30대 여자들이 은행을 더 불편하게 여기는 것은 낯선 사람과의 만남이 익숙하지 않기 때문일 것이다. 게다가 나의 일급비밀이라고 할 수 있는 재정상황과 세세한 월급에 대한 정보를 갖고 있을 수밖에 없는 상대와의 만남이 어색한 것은 어찌 보면 당연하다. 재정을 정비하고 본격적으로 재테크를 시작한 다음에 은행을 제대로 이용해야겠다고 마음먹은 것도 이해가 된다. 그러나 한 번 불편하다고 멀리했던 장소가 갑자기 친근한 곳으로 돌아서는 것은 힘들다. 동네 편의점 가듯 부담 없는 장소로 느껴질 정도는 되어야 은행원 앞에서 나의 날카로운 요구사항도 당당하게 드러낼 수 있는 은행 이용의 고수가 될 수 있다.

작은 네일숍을 운영하는 D는 은행을 제 집 안방 드나들 듯이 편하게 다니는 여자이다. 은행은 정 할 일이 없을 때 마지막 보루로 찾는 곳이기도 했고, 은행원 언니와는 저녁에 차 한 잔 사달라고 데이트 신청을 할 수 있을 만큼 친해졌으며, 점심시간이나 마감시간을 제외한 한가한 시간을 주로 이용하는 요령도 생겼다. 1년 전 처음 가입한 펀드의 수익률도 확인하고 ELD Equity-linked deposit, ELF Equity-linked fund와 같은 난해한 신상품에 대해 묻기도 한다. 또래의 여자들이 은행을 찾는 것을 어색해하는 것과는 다르게 그녀는 집 앞 시장가는 것보다 더 편하게 은행을 방문했다. 그러나 그녀가 처음부터 이랬던 것은 아니다.

1년 전, 예정된 이자를 제공하는 적금보다는 펀드에 관심이 많았던 그녀지만, 전 재산이라고는 몇 년째 완제하지 못한 두 학기분의 학자금 대출과 네일숍을 차리고 남은 50만 원 남짓한 잔액이 전부였기에 은행 방문을 몇 번이나 망설인 적이 있었다. 넉넉지 않은 형편에 펀드에 가입한다는 것도 문제였지만 빚밖에 없으면서 무슨 펀드냐는 핀잔어린 시선을 받을 것만 같았다. 그러나 초회납입 최저금액 10만 원의 펀드 가입마저 부담스러웠던 그녀에게 초회분 최저금액이 5만 원이면서도 수익률이 좋은 상품을 찾아 꼼꼼히 안내했던 은행원 언니를 만나고 달라졌다. 그 덕에 그녀는 작은 금액으로도 다양한 상품을 비교해가며 가입하기 시작했고 1년이 지나자 웬만한 금융상품설명이 가능할 정도의 경지에 올랐다. D는 학자금 대출이 많이 남아 있어도, 아직 모아놓은 종자돈이 별로 없어도, 스스로 타인들보다 앞서 나가고 있단 것을 절감하게 된다고 한다. 지인이 이율 높은 입출금통장이나 혜택이 많은 신용카드를 추천해 달라고 하면 은행원만큼 자세하게 설명해줄 수 있을 정도가 되었기 때문이다. 은행거래에 재미가 들린 그녀는 인터넷뱅킹과 스마트폰뱅킹의 알짜 서비스마저 직접 쏙쏙 찾아내어 활용하는 고수의 경지에 이르게 되었다.

같은 은행을 이용하면서도 은행의 서비스를 100퍼센트 활용하는 여자가 있는가 하면 전혀 그렇지 못한 여자가 있다. 사람들은 재테크를 잘 하기 위하여 책도 읽고 신문도 읽지만 공부한 내용을 직접 활용해볼 수 있는 은행을 만만히 보고 이용하는 것을 어려워한다. 그래서 책만 조금 끄적거리며 노력하다가 특별한 결과물도 없이 바쁜 일상생활로 돌아가버리고 만다. 최근 통장관리시스템과 은행의 비밀을 폭로하는 자극적인 제목의 재테크 도서가 많은 사랑을 받았지만 그 전에는 통장을 여러 개로 쪼개어 관리한다거나 은행금리를 협상하자고 말하는 고객을 거의 본 적이 없었다.

은행원이 되고 좋은 점 중 하나는 은행을 잘 활용할 수 있게 되었단 것을 들 수 있다. 방카슈랑스나 수익증권, 파생상품 판매가 시작되면서 증권사나 보험사를 거치지 않고도 편리하게 자산을 굴릴 수 있고, 리스크가 크지 않으면서 수익을 노리는 절충형 상품들도 먼저 접할 수 있다. 별 것 아닌 것 같지만 아직 주식이나 부동산에 투자할 만큼 정보를 구하거나 종자돈을 모으지 못한 상황이라면 ELD, ELF처럼 상대적으로 적은 리스크로 내 자산 가치를 지켜주는 상품은 포트폴리오에 반드시 포함시켜야 한다.

당신이 평일 낮에 시간적 여유가 전혀 없는 사람이 아니라면, 은행을 자주 찾고, 이용하라. 은행원들은 의외로 당신의 많은 질문을 귀찮아하지 않는다. 더군다나 당신은 매력적인 대한민국의 20, 30대 여성이잖은가. 당신의 적극적인 태도를 예쁘게 보지 않는 은행원을 찾는 것이 더 힘든 일일 것이다.

은행을 자주 이용하는 사람은 금융정보 찾는 것도 효율적으로 할 수 있다. 모네타(www.moteta.co.kr)와 같은 금융포털이나 은행 인터넷뱅킹을 통해 예금금리나 펀드수익률은 쉽게 비교해볼 수 있고 가입기간이 짧게 설정되어서 인터넷에서 찾기 어려운 ELD와 ELF, 채권 같은 상품의 정보는 은행에서 쉽게 얻을 수 있다. 단, 원금보장형으로 나온 파생상품이나 기업의 신용등급이 높은데도 불구하고 금리가 높게 책정된 채권상품은 조기에 마감이 되니 수시로 체크해야 한다.

당신이 재테크에 성공하고 싶다면 은행을 만만하게 보는 단련을 해야 한다. 살짝만 더 뻔뻔해지면 더 많은 것을 얻을 수 있다.

착한여자
콤플렉스

　나와 가깝게 지내던 40대 초반의 고객 A는 증권회사 경력 20년차의 베테랑이다. 그러나 20년 동안 모아놓은 돈이 거의 없고 개인적인 비상금도 한 푼 없다고 했다. 연봉이 높기로 유명한 A증권사 과장이라는 타이틀이 민망할 정도였다.

　남편은 B자동차 영업직 부장이었는데 월급이 꽤 많음에도 불구하고 20년 동안 한 달에 백만 원 이상 갖다준 적이 없다고 했다. 영업직이라는 특수성 때문에 고객선물 등 투자비용이 많은 것을 감안하더라도 잘 이해가 되지 않았다. 생활비를 적게 주는 습관이 생겨서인지 A의 남편은 월급의 잉여분을 당연하다는 듯이 자신의 용돈으로 지출했다. 결국 아이들 교육비와 부족한 생활비는 그동안 A가 다 부담해왔던 것이다.

가만히 살펴보면 A는 신혼 초부터 지금과 같이 가계를 운영해왔다. 시집올 때 혼수를 준비하고 남은 돈으로는 시골에 혼자 사시는 시아버지를 위하여 집을 리모델링 해드렸고, 결혼 전 번 돈은 어렵게 사시는 부모님 생활비와 친오빠 결혼자금에 보탰다. 그렇게 살다 보니 목돈을 모을 수가 없었다고 한다.

적금이나 예금을 중도해지하러 온 20, 30대 젊은 여자 고객에게 해지하는 이유가 무엇인지 물을 때마다 급하게 쓸 데가 있어서라는 거의 비슷한 대답을 듣는다. 물론 예금을 해지해야만 하는 특별한 이유가 있기 때문에 바쁜 시간을 쪼개어 은행에 내점한 것이다. 그런데 차근차근 대화를 나누다 보면 온전히 자기 자신을 위해서 해지하는 경우가 반이었고, 부모님, 형제, 자매, 남자친구 혹은 남편 등 가족을 위하여 해지하는 경우가 반이나 되었다. 대학까지 공부시켜주시고 보살펴주신 부모님의 은혜에 조금이라도 보은하기 위해서 생활비를 보태거나 용돈도 챙겨드리고, 집안의 누군가가 병원에 입원을 한다든지 크고 작은 집안 행사가 생길 때마다 돈을 보탠다. 부모님의 노후 걱정도 되고 결혼비용도 조금 도와드리는 착한 딸이 되려고 하니 내 월급 가지고는 등짝이 휠 뿐더러, 어렵사리 모아놓은 적금도 쉽게 깨고는 한다.

누가 뭐래도 다이어트의 정도는 적게 먹고 많이 운동하기이다. 황제

다이어트, 디톡스 다이어트 등 다양한 종류의 비법들이 난무하지만 결국 식사량을 줄이고 부지런히 움직일 때 체중은 줄기 마련이다. 재테크도 마찬가지여서 결국은 적게 쓰고 많이 불린 사람이 부자가 되어야 하는데 왜 나는 부자가 되지 않을까 불평만 하지 말고 당신의 은행거래내용을 한번 되돌아보아라. 가입한 적금은 하늘이 두 쪽이 나도 만기를 꽉 채운다면 독한 여자일 것이고 이런 저러한 이유로 늘 중도에 해지해 왔다면 아마도 앞에서 본 착한여자 콤플렉스에 걸린 전형적인 대한민국여자일 것이다. 적금통장이나 펀드 하나 없는 여자는 버는 돈은 모두 소비하는 허영에 가득 찬 사람으로 보인다. 이러한 여자들은 애초에 적금통장 따위는 관심도 없고 개설하지도 않는다. 하지만 대부분의 여자들은 이처럼 매해 재테크 계획을 세우고 목돈을 모으고자 적금이나 적립식 펀드에 가입하지만 만기까지 가기도 힘들고, 만기를 채웠다 하더라도 더 큰 종자돈으로 편입시키지도 못하는 것을 볼 수 있다.

그런데 여자의 긴 인생을 두고 보았을 때 대개 가장 풍족한 때는 직장생활하면서 내가 먹고 싶은 것 먹고 쓰고 싶은 것 마음대로 쓸 수 있는 20대 중후반과 30대 초반이란 것이다. 결혼을 하고 아이가 생기면 전체 가계자산의 규모는 몇 배로 커질지 모르나 싱글일 때만큼 나에게 투자를 하거나 돈을 모으기가 쉽지 않다. 예전에는 아이를 둘씩 낳아도 큰 부담이 없어 보였으나 이젠 사교육비와 치솟는 물가 때문에 '하나만 낳아서 잘 기르자.'거나 집을 가지기 전에는 아이를 낳지 않겠다는 가정마저 늘고 있기 때문이다.

부모에게 효도하고 자식에게 버림 받는 첫 세대가 되었다는 우리의 부모님 세대는 노후자금 마련으로 고심 중이다. 경제 불황이 심해져서, 연금기금이 부족해서, 인구구조의 불균형 등으로 아마도 30년 뒤에 우리의 사정은 더욱 악화될 가능성이 높다. 지금의 1천 원이 30년 뒤에는 10만 원처럼 소중할 수도 있다. 그런데도 심성이 여리고 관계지향적인 여자들은 어렵사리 모아놓은 목돈을 타인을 위하여 쉽게 내놓는 것 같다. 지금이야 아직 젊고 건강하니 괜찮지만, 은퇴 후에는 다르다. 지금 저축해놓지 않으면 노후에 끼니를 걱정해야 할 수도 있다.

물론 현재의 건강과 안전, 가족에 대한 배려는 중요하다. 그러나 은퇴 시기는 점점 빨라지고 평균수명은 점점 연장되어가는 미래는 어떨까? 지금보다 가족의 건강과 안전을 지키는 것이 어려울 것은 뻔하고, 최소한의 생계를 유지하는 것도 벅찰 수 있다. 우리가 독한 여자라는 소리를 듣고서라도 미래를 위한 최소한의 자금은 악착같이 모으고 반드시 지켜내야만 하는 이유이다.

'영혼의 투자가', '월스트리트의 살아있는 전설'이라 불리는 존 템플턴 John Templeton은 기업가치가 저평가된 주식들만 골라내는 뛰어난 안목과 글로벌 펀드라는 새로운 분야를 개척한 것으로 유명하다. 그러나 막대한 부를 거머쥔 그는 세계 최고의 주식투자가라는 칭송을 받던 1980년대에도, 그리고 투자에 따른 막대한 수익을 실현시킨 상황에서도 절대 저축을 소홀히 여기지 않았다고 한다. 심지어 언제 전쟁이 터질지 모르는 긴장감이 고조되던 대공황 시기에도 수입의 절반은 반드시 저축했다고 한다. 대개 돈을 잘 불리고 부를 거머쥐는 사람들은 존템플턴 과에 해당한다. 돈을 모아야겠다고 생각하고, 또 노력을 하면서도 항상 작심삼일로 끝나는 사람은 결코 큰돈은 모으지 못하게 되어 있다. 그녀들은 결국 자신의 태도가 문제라는 것을 모르고, 평생 같은 자리를 맴돈다.

은행에서 적금을 신규하는 고객 중 만기까지 유지하는 20대 30대 여성이 절반이 안 되지만 작심삼일이라도 지속적으로 노력하는 여성이 그렇지 않은 여성보다 재테크에 성공하기 쉽다. 바로 실패의 경험 때문이다. 자꾸만 해지하다 보면 나중에는 해지의 유혹을 이겨내기가 쉽기 때문이다. 덧붙이자면 매월 60만 원씩 자동이체 되는 3년짜리 적금에 가입하기보다는, 이왕 해지하더라도 20만 원씩 납입하는 3개의 적금 통장으로 쪼개는 것이 낫다. 비상시 부득이하게 한 개를 해지하더라도 나머지 2개는 살릴 수 있기 때문이다. 그리고 적금과 달리 저축보험은 목표달성을 위한 단기적인 자금 운용 시에는 불필요하지만, 장기적으로 비자금을 마련하는 데는 매우 효과적이다. 중도해지 시 환급률이 무척 낮기 때문에 웬만큼 긴박한 상황이 아니고서는 대부분 만기까지 유지하기 때문이다.

현재의 아름다운 착한 마음도 필요하지만, 더 아름답게 빛나는 나의 노후를 위하여 때로는 독해질 필요도 있다.

chapter 5

부도 그렇지만 빈곤이란 어쩌면 그저 상대적인 것이다. 국내 굴지의 대기업 사모님이 대한민국에서는 최고의 부유한 여자로 여겨지지만 아랍국가의 왕비 앞에서는 상대적으로 가난한 것과 마찬가지다. 주변 사람들보다 더 부자처럼 보이는 것만으로 더 행복한 여자처럼 여겨질 수 있다고 오해할 수 있지만 행복은 '-척'한다고 가질 수 있는 것이 아니다. 내가 언제 행복한 여자인지 중심을 잡고 소비생활을 하는 것이 나의 행복과 발전을 위해서도 좋다. 부를 통한 행복이란 상대적인 비교가 아닌, 절대적인 만족에서만 얻어지는 것이기 때문이다.

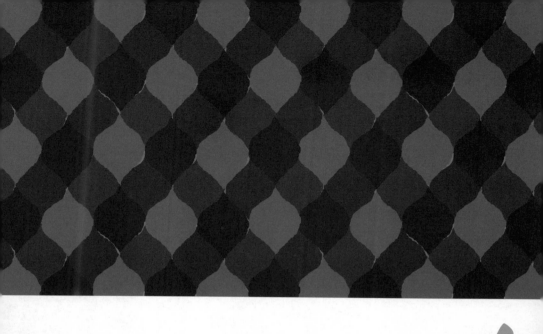

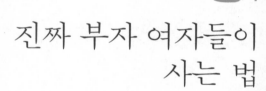

진짜 부자 여자들이
사는 법

발견은,
준비된 사람들이 맞닥뜨린 우연이다.

• 알버트 센트 디외르디 •

귀찮지만 반드시 해야 하는 일,
인터넷 가계부를 옆에 두라

몇 년 전만 해도 사람들은 가계부는 가정주부나 쓰는 건 줄 알았다. 그러다 얼마 전부터는 젊은 남자들도 스마트폰 가계부 어플을 다운받기 시작했다. 그런데 어릴 적부터 조기경제교육을 받는 초등학생들도 가계부를 작성해야 한다고 교육을 받는 경우를 종종 본다. 열두 살에 부자가 된 키라나 워렌버핏과 같은 부자가 되라는 아동서적이 베스트셀러가 되는 현실은 흥부와 놀부 같은 전래동화만 읽던 우리의 어린 시절과는 차원이 다르기 때문이다. 복식부기 가계부의 원리를 이해하고 작성하던 지인의 중학생 딸을 만난 일은 나의 재정관리 습관을 반성하기에 충분한 계기가 되었다.

바쁜 현대인들이 가계부 작성을 부담스러워하는 이유를 충분히 공감한다. 나 자신부터도 가계부 쓰기를 중도에 포기한 적이 몇 번이나 있다.

사실 무언가를 주기적으로 기록한다는 건 참 번거롭다. 무엇보다 가계부는 당장 눈에 보이는 효과도 없는 일이다. 나는 은행에 입사하면서 편리하고 다양한 가계부 프로그램을 접할 수 있었지만 누가 가계부를 쓰라고 숙제를 내준 것도 아니기에, 어느 순간부터 게으름을 부리곤 했다. 그렇지 않아도 신경 쓸 게 참 많은 세상인데, 폼도 안 나고 귀찮기까지 한 일을 지속할 만한 특별한 동기부여가 없었다.

나와 함께 근무했던 선배님은 마감시간이 되면 자녀에게 전화를 걸어서 틈틈이 숙제검사를 하고는 했다. 전날 밤에 준비물과 학교숙제를 챙겨주고 그 다음 날에 자녀 혼자서 공부해야 할 숙제를 별도로 내주고 확인하는 거였다. 전화통화 내용을 듣고 있으면, 모자간의 대화 소리가 정겹게 들리기도 했고 떨어져 있는 모자가 안타깝기도 했고 30분만 컴퓨터 한 뒤 숙제하겠다는 아이의 징징대는 소리가 귀엽기도 했다. 매일 용돈기입장 작성도 숙제로 확인하는 그녀를 보고는 아직 초등학생인 아들이 용돈기입장을 과연 제대로 쓰기는 쓸까 의구심이 들었다. 은행원인 나도 꾸준히 쓰기 어려운 가계부를 선배님의 아이는 꽤 지속적으로 쓰고 있었다. 그리고 아들이 어렸을 적부터 주변 지인들에게 받은 용돈과 자기 스스로 모은 돈을 꾸준히 용돈기입장에 관리해온 그녀 아들의 총 저축액은 놀랄 만큼 컸다.

가계부를 쓴다고 돈이 저절로 모이는 것은 아니지만, 가계부를 쓰지 않으면 돈이 잘 모이지 않는 것도 사실이다. 세계 최고 부호가 누구냐고 물으면 빌게이츠나 워렌버핏을 떠올리지만, 석유왕 록펠러와 견주어보면 최고라는 호칭이 머쓱하다. 록펠러의 당대 자산가치가 지금 빌게이츠의 세배나 된다는 사실을 아는 사람은 별로 없지만, 그를 아는 사람들조차도 록펠러를 '운이 좋은 성공한 사업가' 정도로 치부한다. 하지만 그를 잘 아는 사람은 입을 모아 그의 부의 비결을 꼼꼼한 가계부 '회계장부A'라고 말한다. 겨우 주급 4달러를 받으며 일을 시작할 때부터 수입과 지출금, 저축과 투자금을 단돈 한 푼도 빼놓지 않고 그의 가계부 '회계장부A'에 작성했다지 않는가. 심지어 록펠러의 자녀들도 집안일을 도우면서 용돈을 받았고, 그 용돈을 용돈기입장에 수입과 지출로 나누어 꼼꼼히 기록하고 남은 돈은 모두 저축했다. 이러한 습관과 경제관념이 몸에 밴 뒤에야 투자를 시작했고, 이것이 다른 가문과는 달리 부의 세습이 가능하게 만든 요인으로 꼽히고 있다.

나는 가계부를 꼼꼼히 쓰기 시작한 이후부터는 왜 가계부를 써야 하냐고 묻는 사람들에게 다음과 같이 말한다.

"재테크의 기본이 가계부인 이유는 현재의 자산현황 파악이 무엇보다 중요하기 때문입니다."

지금 돈이 어떻게 들어오고 빠져나가는지도 모르면서 미래에 돈을 많이 모으겠단 것은 허무맹랑한 계획일 가능성이 크다. 냉정히 말하자면 가계부를 쓰고 있지 않는 어른의 재정 관리는 용돈기입장을 꾸준히 쓰는 초등학생의 재정보다도 엉망으로 굴러갈 수 있다. 오늘 수입과 지출이 어떻게 흘러가고 있는지 확인해볼 생각은 안 한 채 돈을 많이 모으기를 바라는 것만큼 답답한 것도 없다. 그러니 재테크에 성공하기로 했다면 가계부 쓰는 게 너무나 귀찮더라도 록펠러처럼 오늘 당장 나만의 '회계장부A'를 만들어야 할 것이다.

다양한 인터넷과 어플리케이션 가계부 프로그램들이 지속적으로 인기를 끄는 것은 그만큼 가계부를 쓸려는 사람이 알게 모르게 많기 때문이다. 그들은 돈의 흐름을 우선 파악하는 것이 재정 관리의 가장 기본이라고 생각하기 때문에 가계부를 쓰는 것이다. 그리고 나도 그들의 선택에 동의한다.

물론 당장 상승할 만한 주식 한 종목을 발굴하는 것이 훨씬 더 큰 수확을 가져다줄 수도 있겠지만, 장기적인 관점에서는 가계부를 꾸준히 쓰는 것이 더 의미 있는 일이다.

P기업 4년차 대리인 훈남 G는 결혼한 지 1년이 지나도록 가계의 자산현황을 몰랐다. 난 의외로 이런 가정을 종종 목격한다. 결혼을 아직 하지 않은 싱글들은 결혼하자마자 가계자산을 통합할 거라고 생각하겠지만, 통장을 합친다는 것은 의외로 골치가 아프기 때문이다. 여러 가

지 문제 중, 누가 더 자산을 꼼꼼히 잘 관리할 것인가를 선택하는 것부터가 중요하다. 적지 않은 연봉을 받으면서도 월급 대부분을 쇼핑하는데 몽땅 허비해버린 아내와 지출통제에 능숙한 남편이 있다면 가계부 관리는 남편이 맡는 게 낫다. 반면 평소 똑똑하고 꼼꼼해 보이는 여자들 가운데도 의외로 자산관리에 부담을 갖는 여성도 많다. 아무리 남편이나 부인이라고 해도 상대의 통장과 인증서를 전담하면서 수입과 지출내역을 일일이 관리하는 것도 쉽지 않다. 특히 컴퓨터를 자유자재로 다룰 줄 모르는 여자는 엑셀이나 인터넷 가계부 이용을 어려워하기도 하고, 주부잡지를 보면 선물로 주는 두꺼운 가계부에 도전했다가 며칠 만에 포기하기도 한다. 컴퓨터로 가계부를 잘 관리하는 사람들을 보면 남자가 많은 경우도 꽤 본다.

엑셀이나 인터넷 가계부를 자유자재로 사용할 만한 능력이 없는 우리는 가계부 쓰기를 포기하기보다는 더 쉽게 가계부를 작성할 방법이 없는지 알아내야만 한다. 모든 사람이 한결같이 입을 모아 재정 관리의 시작은 가계부라고 말하지 않는가. 스마트폰을 사용하는 여자라면 가계부 어플을 다운받자. 귀찮은 것은 딱 질색인 사람에게도 무척 쉽고 편안한 가계부임을 알 수 있는 것이, 대부분의 지출이 이루어지는 체크, 신용카드의 알림문자가 오면 다음과 같은 창이 뜨는데 이때 한 번씩 분류설정과 메모를 하면 되기 때문이다.

통장에서 현금을 인출하거나 자동이체로 빠져나가는 돈만 따로 지출

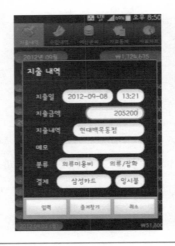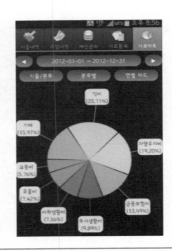

그림1 · 안드로이드 기반 〈똑똑한가계부〉 어플의 일부 화면

입력을 해준다. 별도로 입력할 만한 아파트 관리비, 도시가스비, 적금 및 보험료, 통신료 등의 고정지출 정도만 하루 날짜를 잡아서 몽땅 입력 해주면 무척 편하다. 이렇게 한동안 지출기록을 하다보면 한결같이 2% 부족하다는 감이 오는데 이때 부족한 것이 바로 '예산수립'이다. 원래 가계부를 작성할 때는 월 시작 전 카테고리별로 예산을 짜서 예산 내에서만 지출을 하도록 노력해야 쓸데없이 소비하던 돈들을 줄일 수 있고, 가계부 쓰기의 진정한 의의를 찾을 수 있다.

가계부를 들여다보면 수입과 지출이 모두 빼곡히 기록되어 있으니, 대략의 가계의 월별지출규모를 파악한 후에 다음 달의 예산을 수립해야 한다. 인터넷가계부 어플리케이션 마니아들은 수입과 지출만 정리하는 것에 만족하지만, 제대로 된 가계부를 작성하려면 수입과 지출뿐만이 아니라, 예금은 얼마나 있는지, 대략의 얼마나 남았는지, 자산과 부채, 자본을 한 번에 볼 수 있는 가계부가 필요할 것으로 보인다.

가계부 어플 이용방법, 참 쉽죠잉~

1 마음에 드는 가계부 어플을 다운받는다.
2 지출입력 – 지출내역 – 결제를 누르면 결제방법 선택이 나온다. 이때 카드목록편집으로 본인이 가지고 있는 체크, 신용카드 목록을 선택하면 승인문자가 자동으로 가계부에 입력된다.
3 현금인출이나 자동이체로 빠져나가는 지출, 수입 등만 따로 입력해준다.

참 스마트한 가계부 어플의 장점
1 언제 어디서나 가계부 정리를 할 수 있다.
2 주별/월별 통계와 지출 카테고리 통계를 제공한다.
3 차트 기능도 있어서 한 번에 월별 지출량을 체크할 수 있다.

초등학생들부터 경제교육을 받는 자본주의 시대에는 자산을 효율적으로 관리하는 습관이 중요하다. 다들 가계부를 쓰기는 하지만 가계부를 쓰는 사람이 모두 잘 사는 건 아니다. 그런데 사실 가계부를 쓰는 것은 우리가 거울을 보는 이유와 같다고 한다. 거울을 본다고 해서 갑자기 잘 생겨지거나 예뻐지는 건 아니지만, 눈에 눈곱이 꼈는지, 코털은 빠져나오지 않았는지, 머리모양새는 단정한지 체크할 수 있으니까. 이처럼 가계부를 쓴다고 해서 당장 돈이 모이는 건 아니지만, 쓸데없는 곳에 돈이 빠져나가지는 않는지 매일 체크해볼 수 있다.

이제 제대로 된 가계부를 작성하려면 예금과 대출도 함께 볼 수 있는 것을 찾아야 한다. 현금흐름을 파악하는 것도 중요한 일이지만, 총 가계자산의 규모를 확인하지 못 하면서 재정을 관리하는 것은 코끼리의 다리만 만지고 코끼리라고 맞추는 것만큼 어렵다.

요즘은 복식부기 가계부를 쉽고 편하게 쓰는 사람이 적지 않다. 복식부기 가계부란 15,000원짜리 치킨을 신용카드로 시켜먹었다면 가계부 왼쪽에 식비비용 15,000원을 입력하면서 오른쪽에도 부채+(신용카드+) 15,000원을 기록해주는 것이다. 결국 지출로 인해 신용카드로 인한 부채가 함께 증가했음을 살펴볼 수 있다. 만약 대출을 받아서 통장잔고가 늘어났다고 해도 부채도 함께 늘어난 것이기에 전체적인 자산이 증가했다고 보기는 어렵다. 이럴 경우 복식부기 가계부는 자산과 부채 자본의 현황을 한 번에 보여줌으로써 문제를 말끔히 해결했다.

어렸을 적부터 산수라면 고개를 돌렸던 사람이라면 복식이라는 단어 자체에서부터 거부감이 들 것이다. 그러나 사용자의 편의를 세세히 고려한 가계부 프로그램들을 보고 있노라면, 첫술이 어렵지 누구나 다 쉽게 사용하게 만들어놓았다. 복잡한 회계용어의 이해나, 엑셀 같은 것을 다룰 필요도 없이 클릭 몇 번이면 해결이 되니까.

특히 매달 빠지는 고정 지출이나 수입 같은 것은 자동으로 입력되게 해놓으면 그 다음부터는 편리하다. 대부분의 복식부기 인터넷 가계부가 스마트폰앱과도 연계되니 낮에 심심할 때마다 관리할 수도 있다.

인터넷가계부를 처음 시작할 때는 먼저 항목설정이 필요한데, 환경설정으로 이동하여 계정별로 항목을 추가하면 된다. 자산에는 전세금, 은행통장, 받을 돈들을 설정하고 부채에는 각종 신용카드를 넣는다. 비용과 수입도 입력한다. 0원으로 설정되어 있는 기초잔액도 깔끔하게 수정한다. 이제부터는 거래가 발생할 때마다 거래입력페이지에서 입력

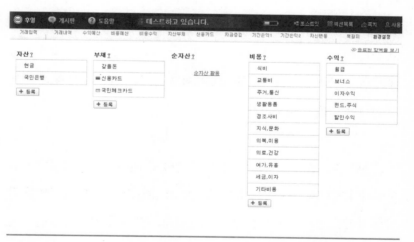

그림2 · 후잉 인터넷가계부의 일부 화면

만 하면 된다. 그러면 일별, 월별, 년별 자산현황이 다양한 표로 정리되기 때문이다.

신용카드 사용자 수의 규모가 점점 커지는 요즘, 신용카드 결제일을 넘긴 직장인들 입에서는 "월급이 통장을 스쳐 지나간다."라는 소리가 종종 들린다. 만약 당신이 본격적으로 가계부를 쓰기 시작했고, 신용카드를 계획적으로 잘 사용하고 싶다면 결제일을 15~16일쯤으로 바꾸어야 한다. 신용카드사마다 신용카드 공여일이라는 기준이 있는데 대개 결제일을 15~16일쯤으로 하면, 지난 한 달 1일~30일까지 사용한 금액을 기준으로 결제금액이 청구가 된다. 따라서 청구금액을 보면 지난 한 달간 얼마나 지출했나를 보다 손쉽게 살펴볼 수 있다. 회사별로 날짜는 조금씩 틀리니 확인한 후 바꾸도록 한다. 또한 지출통제에 실패하고 싶지 않은 당신이라면 먼저 신용카드 한도부터 조절한다. 월간 지출계획 만큼 낮추고 체크카드와 비교해서 사용해본 뒤 자신에게 더 맞는 것 하나만 골라서 사용하자.

결혼한 지 1년이 지나도록 가계자산현황을 몰랐다는 G가 말하기를 현실적이고 구체적인 목표를 가지고 있지 않았기 때문에 가계부를 작성할 강력한 동기부여가 없었다고 했다. 그의 가정은 결혼 후 1년이 지나서야 공동의 삶의 목표를 돌아봤고, 가계의 재정에도 적극적인 관심을 갖게 되자 비로소 본격적인 자산관리를 시작했다. 어쩌면 행복한 삶을 원하는 대부분의 사람들은 행복이라는 인생의 목표가 생긴 뒤에야 적극적으로 재정을 관리해나갈지도 모를 일이다.

그런데 그것은 꼭 행복이라는 목표의 문제만도 아닌 것 같다. 인터넷과 스마트폰이 발달하면서 예전에는 상상도 못할 정도로 많은 가계부 프로그램들이 생겼다. 문제는 이러한 도구들을 잘 활용하고 있는 사람이 존재하는 반면 아직도 최신기기나 정보의 이용에 미숙한 사람이 존재한다. 나 역시 나와 가장 잘 맞는 프로그램을 찾기 어려웠다.

남들이 좋다고 하는 인터넷가계부를 보면 영 아닌 것이 존재했고, 이름도 못 들어본 것이 맘에 쏙 들기도 한다. 그러나 누구나 이러한 시행착오가 존재하고 자신에게 가장 잘 어울리는 방법을 찾아야 한다. 더불어 어떤 가계부냐도 중요하지만 매일 쓰기만 하고 소비습관이 개선되지 않는다면 가계부 작성을 안 하니만 못하다는 사실이 중요하다. 나는 체크카드만 사용했을 때는 가계부를 한 달 월급날을 기준으로 이번 달 월급날부터 다음 달 월급날까지로 작성했었다. 이유는 예산에 맞추어서 적절하게 지출했는지 파악하기 좋아서였다. 생각해보니 반드시 1일부터 31일을 기준으로 가계부를 작성할 필요는 없었다. 이번 달의 예산을 세우기 위해서는 이번 달 들어온 월급을 확인하고 예상되는 저축, 대출상환금, 공과금 등을 적고 남는 금액으로 생활비 예산 등을 세우는 게 편했다. 이렇게 매달 체크를 하면 적자가 발생하는 것을 미리 막을 수 있고 그에 맞추어서 대처를 할 수 있으니까. 그러나 지금은 다시 1일~31일을 기준으로 가계부를 작성하는데, 내가 가장 편한 방법을 요모조모 따져보며 작성하는 것도 꽤 재미를 준다.

주택자금 대출이나 신용대출 등 대출금이 많은 사람들은 일단 대출부터 완제하고 나서 가계부를 작성하겠다고 생각하기 쉽다. 일단 돈이 생기는 대로 다 대출부터 갚아버리는 것도 좋지만 좀 더 계획적으로 대출을 상환하는 게 필요하다. 대출에는 일단 '긍정적' 대출과 '부정적' 대출이 있다. 만약 당신이 레버리지를 이용한 투자를 한 것이 아니고, 설사 그렇다 해도 요즘 빚에 허덕인다는 느낌이 든다면 당신의 월급의 대부분인 약 60~70퍼센트 이상을 먼저 빚 상환에 써야한다. 특히 할부로 차를 구입했다면 자동차는 감가상각이 빠른 편이라 투자로 볼 수 없을 뿐더러, 1금융권 자동차 대출이라 하더라도 금리가 꽤 높은 편이다. 중도상환수수료가 있다고 해도 앞으로 내야 할 이자보다는 적을 테니 걱정하지 말자. 연말 성과급처럼 목돈이 생길 때마다 대출금을 상환해버리는 것도 방법이다. 이러면 신용등급도 빨리 오르고 이자도 덜 나간다. 그리고 대출금을 상환하는 내용도 가계부에 꼼꼼히 기록한다면, 완제가 되어가는 모습이 보이면서 더 강력한 동기부여가 되어줄 것이다.

가계부 작성이 '너무나 귀찮더라도' 독한 마음을 품고 하루 10분씩이라도 작성해야 한다. 10년 후, 그렇게 한 사람과 그렇지 않은 사람의 재정은 완전히 달려져 있을 것이다.

요즘 가장 HOT한 가계부를 추천해주세요~

● ●

1 **후잉** : 복식부기인터넷가계부. 언제나 어디서나(PC, 스마트폰, 아이패드) 간편하게 입력 가능하고 최적화된 세부보고서를 볼 수 있다.

2 **호가계부**(복식부기인터넷가계부) : 경리과장 운영자가 오랜 실무 경력을 바탕으로 직접 개발해서 서비스하는 무료가계부로 동호회 등의 모임장부 기능도 있다.

3 **리채** : 복식부기 인터넷 가계부 프로그램. 세세한 카테고리 분류가 가능하고 사용자에게 맞는 다양한 기능을 보유하고 있다.

4 **편한가계부넥스트** : 가계부 애플리케이션(앱). 신용카드 사용내역 등의 문자메시지를 앱으로 복사해 실시간 가계부에 반영할 수 있다.

5 **똑똑가계부** : 가계부 애플리케이션(앱). 신용카드 사용내역 등의 문자메시지를 앱으로 복사해 실시간 가계부에 반영할 수 있다.

12개의 정기예금으로
예금풍차 시작하기

    은행에 입사한 지 얼마 안 되어서 친구들과 만나 재미있는 이야기를 한 적이 있다. 증권사, 보험사, 외국계기업, 은행에 다니는 20대 여자들이 월급을 어떻게 관리해야 하는지에 대해 수다 떠는 자리였다. 은행에 다니는 나는 증권사와 보험사에 다니는 친구의 이야기에 주목했다. 나와는 다른 업계에 입사한 후 알게 된 유용한 재테크 팁이 있을 것 같았기 때문이다. 난 의외의 부분에서 놀랐다. 보험사에 다니는 친구는 유달리 주식에 관심이 많았고 증권사에 다니는 친구는 특히 안정적인 투자에 관심이 많았다. 증권사 주식 파트 쪽에서 일한 직원 치고 돈을 번 직원이 없고 채권 부문에서 일한 사람 중에 돈을 번 사람이 많다는 이야기가 증권사에 돈다는 소리도 들었다. 물론, 몇 배의 수익을 목표로 불나방처럼 뛰어드는 사람이 파다한 주식시장치고는 기대수익보다 평균수익이 낮고, 애초에 기대수익이 낮은 채권이기에 그 소문은 객관적인 사실이 아닐 수도 있을 것이다. 그래서 둘 중에 무엇이 낫다고 결론을 내리기는 무척 어렵다.

나는 거의 투기처럼 보이는 주식투자로 쏠쏠한 수익을 올리는 지인도 보았고, 주식으로 패가망신까지는 아니어도 몇 억은 거뜬히 날린 사람도 알고 있다. 나도 펀드나 주식으로 짭짤한 수익을 올릴 때도 있고 지금 생각해도 후회가 될 만큼 손해를 본 적도 있다. 일단 어떤 투자가 나쁘다 좋다를 판단하기 전에, 시기에 알맞은 적절한 투자를 할 수 있는 지식과 정보를 갖기 위해 지속적으로 노력하면서 꾸준히 종자돈을 마련해 나가는 게 중요하다는 걸 몇 번의 경험을 통해 깨달았다.

금융상품 체리피커라고 불리는 A는 회사 팀 내에서 두 번째라면 서러울 정도로 금융상품에 대한 분석이 탁월했다. 매달 예산을 수립하고 지출하며 자산을 관리하는 가계부의 달인이기도 했다. 쓸데없이 낭비되는 돈을 줄이기 위하여 틈틈이 가계부를 보며 씀씀이를 반성하는 좋은 습관도 가지고 있었다. 주식과 부동산 경매에도 관심이 많아서 주말에는 스터디를 다니며 공부하고는 했다. 그런데 어느 날부터인가는 꾸준히 저축하는 게 너무 지겨웠다고 했다. 재밌게 종자돈을 모으는 방법은 없는지 고민에 고민을 거듭하고 금융상품을 분석했지만 안전하면서 적정한 수익을 내면서 지루하지도 않는 완벽한 상품은 없었다.

금리가 높은 복리 적금은 최저가입기간이 길었다. 대신 가입기간이 짧은 상품은 금리가 낮았다. 투자할 만한 곳을 찾기 전까지는 먼저 종자돈을 모으는 게 목표였기에 원금손실의 우려가 있는 상품은 일단 배제하였다. 무엇보다 앞으로 다가오는 초저금리 시대에 현명하게 종자돈을 모으는 방법을 알고 싶었다.

수익률 착시현상이란 것이 있다. 만약 당신이 거치식 펀드에 5년 전에 1억 원을 투자해서 1억 3천만 원이 되었다고 하자. 이 펀드의 누적 수익률은 30퍼센트이고 꽤 만족스런 수익률이기도 하다. 하지만 이것을 연 복리 수익률로 환산하면 연 5.4%가 된다. 1억 원의 원금과 이자를 연 5.4%의 이율로 계속 재예치 시키면 정기예금으로도 5년 만에 달성할 수 있는 수익률인 것이다. 펀드처럼 원금손실의 우려 없이 말이다. 이게 바로 복리의 힘이다. 이제 뭔가 복리상품이 무엇일까 공부하고 있다면 의외로 괜찮은 복리상품을 찾기 힘들다는 것을 알게 될 것이다.

금융상품체리피커로 불리는 A라면 자기 마음에 쏙 드는 복리상품을 찾아낼 것이라고 생각할 수 있겠지만 그렇지 않다. 복리의 기본원리가 길게 가져가야 수익을 낼 수 있다는 것이고 이게 가장 큰 장점이자 단점이 된다. 복리상품을 운용하는 금융사는 초저금리가 될 수도 있는 미래의 위험까지 담보하기 위해 중도해약 시에는 원금을 다 돌려주지 않는다든가, 아주 낮은 이율만 주게 된다. 목돈 들어갈 일이 많은 사회초년생이나 신혼부부 가족에게는 답답할 일이다. 장기적인 관점에서 저축하는 것도 중요하지만 당장 쓸 수 있는 돈을 잘 굴리는 것도 중요하다. 내가 피땀 흘려 저축한 돈을 중도해지라는 이유 하나만으로 다 받지 못한다면 이만큼 속상한 일도 없다.

그래서 많은 사람들이 복리 신경 쓰지 말고 예금이나 적금에 가입하라고 말하는데, 사실 1년짜리 정기예금도 만기까지 가져가기가 쉽지 않다. 은행에서 경험한 바에 의하면 오히려 중도해약하는 고객의 비율이 더 높은 것 같다. 완전한 여유자금으로 굴려나가는 장년층이 아닌 청년층에서는 그러고 보니 결혼자금, 주택마련, 교육비 등 목돈 들어갈 일이 부지기수인데 정기예금을 끝까지 끌고 가는 게 더 어려워 보였다. 이쯤 되면 어느 정도의 여유자금이 있어도 '정말 돈 넣어둘 만한 마땅한 데가 없군.'이란 생각이 든다.

아예 예금이나 적금은 포기하고 CMA같은 곳에 돈을 묶어두기도 하는데, 물론 단기 여유자금이라면 괜찮다. 하지만 적은 금액이라도 꾸준히 저축하여 목돈을 만들어나가는 게 목표라면 CMA에 넣어두기만 하는 것은 적합하지가 않다.

물론 초저금리 시대가 다가오는 지금 단리와 복리를 저울질하며 안정적인 성향의 금융상품에 투자하는 것이 적합하지 않다고 여기는 사람도 있다. 최소한 물가상승률은 보장해주는 금융상품에 투자해야 한다는 생각에도 적극 동의한다. 하지만 최소한 종자돈을 모으는 기간만큼은 다소 금리가 낮더라도 원금보장이 되는 한도 내에서 많은 자금을 운용해나가는 것이 안전하다고 본다. 더군다나 하이리스크 하이리턴형 상품에 대해서 정확한 지식과 정보를 가지고 있지 않는 경우에는 말이다. 그럼 이제 당신은 이제 어떠한 방법으로 종자돈을 마련해나갈 것인가?

　몇 년 전부터 재테크 카페나 신문기사에서 '정기예금풍차 돌리기'라는 용어가 히트를 쳤다. 부자들의 신종투자법이라고 소개가 되기도 하였고, 아주 오래전부터 입에서 입으로 전해 내려오는 방법이라고 알려지기도 했다. 그러나 한 TV 프로그램에서 '풍차 돌리기 적금'이 소개되면서 많은 사람들이 관심을 갖게 되었다. 예금풍차돌리기와 풍차 돌리기 적금은 많이 달라 보이지만, 결국 기본 원리는 같다. 다만 그 상품을 예금으로 돌리냐 적금으로 돌리냐의 차이일 뿐이다. 그리고 펀드나 ELS와 같은 상품으로 풍차돌리기를 하는 것도 가능하다. 원금 보장이 되지 않는 상품에 풍차돌리기를 하는 것은 목돈을 모으는 방법뿐 아니라 리스크를 분산하기 위한 이유도 크다.

　풍차 돌리기는 크게 2가지로 구분이 된다. 목돈 모으기형 풍차돌리기와 목돈 굴리기형 풍차 돌리기가 그것이다. 전자는 신입사원이나 갓 가정을 꾸려나가는 주부들에게 적합한 것이고, 두 번째는 개인 사업을 운영하거나 은퇴한 직장인에게 적합한 방법이다. 처음에는 목돈 모으기형의 예금풍차돌리기만 많이 회자되었지만, 최근에는 목돈 굴리기형도 많이 이용하는 것 같다.

목돈 굴리기형은 예를 들어, 1억 2천만 원이 있다면 매달 1,000만 원씩 12개의 정기예금으로 쪼개어놓는다. 1월에 1,000만 원, 2월에 1,000만 원, 3월에 1,000만 원…… 12월에 1,000만 원으로 말이다. 은퇴 후 은퇴자산으로 생활비를 운용하는 분들에게 적합한 이유는 1월이 되어 1,000만 원의 만기해지가 돌아오면 해지를 하여 이자로 생활비를 쓰고 원금은 다시 재예치한다. 만약 이자만으로는 부족하다면 원금의 일부를 빼서 생활비로 쓰고 남은 금액만큼 다시 재예치한다. 기존에 연금이 일정액이 나온다면 연금을 주 생활비로 쓰고 이자분은 용돈으로 쓸 수도 있다.

사업을 하는 사람들은 갑자기 목돈이 들어갈 일이 많이 생기기 때문에 1년짜리 정기예금도 가입하는 것을 부담스러워하는 경우가 있었다. 이럴 경우 금액을 쪼개어서 가입해놓으면 중도해지 시 가장 최근에 가입한 것부터 해지하면 되므로 부담이 덜하다.

만약 이 책을 읽는 당신이 목돈을 굴리는 것보다 모으는 것에 목표를 갖고 있다면 '목돈 모으기형' 예금풍차 돌리기를 공부해야 한다. 적금, 펀드, ELS로 풍차를 돌리는 것도 '모으기형'의 응용된 방법과 같으므로 '모으기형' 예금풍차돌리기의 원리를 빨리 이해할수록 좋다. 모으기형 예금풍차돌리기는 굴리기형과 마찬가지로 1년에 12개의 정기예금을 개설한다. 예금을 개설할 자금이 없다고? 그래서 모으기형이지 않는가. 만약 당신이 이번달에 월급을 200만 원을 받았다면 그 중 100만 원으로 정기예금을 개설하는 것이다. 그리고 다음 달이 오면 또 100만 원짜리 정기예금을 개설한다. 만약 상여금을 받는다면 상여금도 그대로 예치한다. 이렇게 일년에 12개짜리 정기예금을 하나씩 차곡차곡 만들어간다.

1년이 지나면 맨 처음 개설한 예금의 만기가 돌아오면 이때는 이자를 절대로 쓰지 말고 반드시 재예치한다. 금리가 적어서 다소 푼돈처럼 보이더라도 반드시 재예치한다. 예금으로 풍차를 돌려나가는 원동력은 이자에 이자가 붙는 복리상품이 만들어지는 모습을 보면서 생긴다. 예금풍차돌리기는 통장이 12개나 되기 때문에 산만해 보이지만, 그렇지 않다. 오히려 매달 예금을 신규하는 재미 때문에, 월급날이 기다려지기까지 한다.

물론 월급이 일정치 않은 프리랜서이거나, 사업을 해 소득이 고정되지 않은 경우에는 꼭 매달 한 개씩 통장을 만들 필요는 없다. 한 달에

2개를 만들거나, 2달에 1개 정도를 만들어도 된다. 개인의 수입에 따라서 얼마든지 변형하여 운용할 수 있다는 것도 풍차 돌리기 재테크의 큰 장점이라고 할 수 있다.

1년만 지나면 한 달마다 한 개씩 정기예금 만기가 돌아오는데, 처음 1년의 시간만 인내하고 기다리면 2년차 때부터는 매달 이자를 수령하는 기쁨을 누릴 수 있는 것이다. 이때 해지된 만기원금과 이자에 추가 불입액을 넣고 12개의 통장을 2년, 3년, 4년…… 굴려나간다. 금융상품을 만기까지 유지하기 어려운 큰 요인 중 하나가 급전이 필요한 경우이다. 이때는 급하게 돈이 필요하면 예금 중 가장 최근에 가입한 것 1개만 해지하면 되므로 현금유동성이 탁월하다. 그러면 이 전에 신규 하였던 것들은 원금과 이자를 모두 잘 보존할 수 있다. 유달리 만기까지 예금을 유지하지 못해온 끈기 없는 스타일의 재테커라면 특히나 더 예금 풍차돌리기의 장점에 집중해야 한다.

재테크에서 가장 중요한 점은 얼마나 흥미를 잃지 않고 지속적으로 할 수 있느냐, 하는 것이지 싶다. 이번 달에 절약하는 만큼 예금 예치액이 많아지므로 절약의 결과를 바로 확인할 수 있다는 점에서 풍차돌리기는 쏠쏠한 재미를 느낄 수 있다. 만약 이번 달에 10만큼 아끼면 당장 다음 달 예금금액이 10만큼 커지는 걸 바로 확인하는 것이다. 1년이나 3년, 10년 뒤에 만기금을 받게 되면 돈을 모으는 재미를 느끼기가 쉽지 않은데, 나는 그런 사람들에게 '예금풍차 돌리기'를 하라고 말

한다. 이 사이클을 유지하기 위해서는 매달 받는 급여가 필수적이므로 급여의 소중함을 느끼게 되고 일의 보람이 더 커졌다는 사람도 많았다.

연 단위로 돈을 관리할 때와는 다르게 매달 관리함으로써 항상 긴장감을 갖게 되고, 내 자금에 관심을 갖게 되었다는 이야기도 들었다. 매달 더 괜찮은 금융상품이 없는지 계속 관심을 갖기 때문에 저절로 재테크 공부가 된다. 처음부터 예금으로 풍차돌리는 것이 부담스럽다면 적금으로 시작해보자. 적금은 최저 가입금액이 낮기 때문에 부담이 전혀 없다. 방법도 앞서 설명한 것과 거의 같기 때문에 복잡하지도 않다.

예를 들어, 3만 원짜리 적금 1개를 이번 달에 가입하고 매달 3만 원씩 자동이체를 해놓는다. 그리고 다음 달에 또 3만 원짜리 적금을 가입하고 자동이체를 해놓는다. 다다음달에도 3만 원짜리 적금을 가입하고 이체를 해놓는다. 이렇게 되면 첫 달에는 3만 원, 두 번째 달에는, 6만 원, 세 번째 달에는 9만 원…… 12개월째 달에는 36만 원으로 이체되는 금액이 커진다. 이제 1년이 지나면 매달 36만 원씩 만기가 돌아온다. 이제 이 금액에 추가 불입금액을 넣어서 1개씩 예금풍차 돌리기를 시작하면 될 것이다. 이는 소액으로 차차 시작하므로 목돈을 한 번에 불입하지 않아도 되어서 부담이 적다.

돈을 잘 굴리려면 굴릴 만한 목돈을 먼저 모아야만 한다. 목돈을 즐겁게 모으는 방법 중에 '풍차 돌리기' 기법이 존재한다는 것을 항상 기억해두자.

수익률 높은 투자에 대해
생각해볼 일들

　사람들이 투자의 성공여부를 따지는 것 중에 하나가 '수익률'이다. 위험성이나 접근성 등 여러 가지 비교 요소가 있겠지만 투자대비 얼만큼의 수익금을 가져왔는지가 가장 중요한 요소 중에 하나다. 따라서 금융상품을 광고할 때 다른 요인들은 다 제쳐두고 최고 수익률 몇 %라는 문구로 유혹하는 경우가 있다. 게다가 사람들은 자신의 총 자산규모나, 현재와 미래의 지출계획 등과는 관계없이 무조건 높은 수익률만을 쫓는 경우가 많다!

　세상에 쓸모없는 금융상품은 없다. 그런데 당신이 생각하는 것처럼 당신에게 꼭 맞는 필요한 요소만을 골라낸 금융상품은 또 찾기 힘들다.

A는 회사에 입사하고 나서 가입하였던 금융상품들이 시간이 갈수록 못마땅했다. 주변 사람들의 말만 듣고 보험, 연금저축 등에 대부분의 월급을 넣어서 현금유동성이 없는 상태였다. 연금저축 60만 원, 주택청약적금 25만 원, 보험에만 30만 원이 들어갔다. 당장 결혼자금을 준비하거나 비상금으로 쓰려고 해도 넉넉지 않았고 금융상품에 필요 이상으로 많이 불입하고 있단 생각이 들었다.

한편 B는 회사에 입사하고 나서 주식을 조금씩 사 모으다가 반토막이 난 상황이었다. 친구의 추천으로 유망하다는 주식을 조금씩 사 모으고 있었는데 업종경기 악화로 회복불능의 상태가 되고 말았다. 지금 다 팔아버리기에는 손해액이 아쉬웠고 계속 가지고 가자니 골칫덩이었다.

입사 1~2년차에 다양한 금융상품을 가입하거나 주식에 투자한 그들의 재테크에 대한 관심은 충분히 인정한다. 하지만 아직 결혼도 안 했고 목돈 들어갈 일이 많이 남았다면 종자돈 마련도 중요하지 않을까? 만약 당신이 A처럼 매달 불입하는 금융상품이 지나치게 많다면 최소로 알맞게 정리하고 나머지는 모두 안정적인 정기예금이나 적금에 불입하도록 하자. 이를 테면 연금저축은 소득공제 한도 400만 원을 채울 수 있도록 매달 34만 원씩만 불입하자(60만 원 → 34만 원). 매달 10~20만 원씩만 납입한 뒤 연말에 계획한 금액을 추가납입 하면 수수료(사업비)를 줄이는 효과도 있다. 연 최대 48만 원의 소득공제 효과와 2년 이상 납입 시 약 4.5%의 쏠쏠한 이율을 주는 주택청약종합저축이지만 해지에 대한 부담이 있으므로 월 10만 원씩만 납입한다(20만 원 → 10만 원).

보험은 어떻게 하냐고? 보험은 납입기간이 지나치게 길거나 금액이 크면 결혼 후 외벌이 가족이 될시 부담으로 다가오지 않겠는가? 싱글이라면 일단 최소한으로 줄이고 급여의 50% 이상은 모두 정기예금이나 적금에 넣어야 한다는 것을 잊지 말자. 또한 아무리 기본적인 상품이라고 해도 기초적인 공부 없이 가입하면 현명한 저축습관은 절대 갖지 못한다. 먼저, 소득의 50% 이상은 급여가 이체된 1~2일 내에 적금이나 적립식펀드로 자동이체 되도록 강제저축 디폴트옵션Default Option을 지정해놓는다. 저축비율이 높아질수록 중도해지 욕구가 발생하므로, 상품을 최소 2~3개로 쪼개어놓는 것도 잊지 말자.

상품을 여러 개로 쪼개놓는 것이 머리 아프다면 통장노트를 추천한다. 보통 2~3개의 금융기관을 이용하느라 통장이 일목요연하게 머릿속으로 정리되지 않는데, 통장노트를 하나 만들어서 통장이름, 수익률, 가입기간, 목표, 특징 등을 정리한다. 한 달에 한 번만 해도 자산관리의 달인으로 거듭날 수 있다. 앞서 말한 것처럼 통장을 쪼개어놓아야 중도해지의 유혹을 떨쳐버릴 수 있다. 종자돈을 모으는 데 있어 중도해지만큼 강력한 훼방꾼이 또 어디 있을까? 1년짜리 적금금리가 4.0% 3년짜리 적금이율이 5.2%, 1.2%나 금리가 높다고 해서 무리하게 3년 만기로 가입하고 중간에 해지하느니 애초에 1년짜리로 가입하는 게 낫다. 만약의 경우를 대비해서 30만 원짜리 1개 적금보다 10만 원짜리

3개 통장으로 쪼개서 가입해놓는 것도 좋다.

또한 지나치게 '종자돈을 빨리 마련하고 싶다.'라고 마음먹을수록, 고위험 상품의 투자유혹에 빠지기 쉽다. "주식? 부동산? 예금? 어디가 좋을까?" 그나마 접근성이 좋고 소액으로도 시작할 수 있는 주식이 진입장벽이 낮은 편이다. 그러나 제대로 된 공부와 정보 없이 시작하는 모든 투자는 몇 번의 행운이 올진 모르지만 끝이 좋을 순 없다. 앞서 B의 경우처럼 앞으로 써야 할 돈이 많은 20대 후반과 30대 초반에는 더욱 신중하게 투자해야 한다.

만약 당신도 비슷한 경우에 빠졌다면, 우선 내가 잘 이해하지 못 하는 기업의 주식을 산 건 아닌지 되돌아보자. 혹시 남의 권유나 소문에 근거하여 매수한 건 아닌가? 설사 그렇다 해도 주체적으로 공부하고 내린 최종판단이라면 스스로의 결정에 따랐다고 볼 수 있다. 대형주, 우량주에 투자했다고 해도 대세 하락기에는 모든 종목이 힘을 못 쓰기 마련이다. 결국 주가는 '투자심리'에 따라 움직이니까. 게다가 요즘은 글로벌 경기 둔화로 주식시장은 꽁꽁 얼어붙었고, 레버리지를 이용한 부동산 투자도 이미 옛말이 된지 오래다. 한국은행의 기준금리 인하로 정기예금과 적금의 금리도 눈에 띄게 내려간다. 그런데도 남보다 빨리 효율적으로 종자돈을 모을 수 있는 방법을 알아야 하는 이 시점에서, 앞서 설명한 '정기예금 풍차 돌리기'를 기본으로 장기, 중기, 단기에 맞추어서 적절히 포트폴리오를 구성해야 한다. 1년 12개의 정기예금이나 적금을 굴려나가는 풍차 돌리기기법은 연 4%의 정기예금을 5년 동안 굴릴 시 약 13%의 복리 수익 효과를 볼 수 있다.

그리고 무엇보다 지금부터 1년 365일 경제신문 읽기를 시작하자. 한 가지 팁을 말하자면 대세 전환기에 가장 먼저 움직이는 증권주의 움직임을 보여주는 기사를 주시하자. 무엇보다 주주중시경영을 하지 않는 개념 없는 기업의 주식이 반토막 난거라면 뒤도 돌아보지 말고 매도해 버리기를 권한다.

주변에서 안정적으로 자산을 운용하는 것처럼 보이는 사람을 여럿 보았지만, 그들 중 누구도 대출로부터 완전히 자유로워 보이는 사람은 없었다. 재테크에 대한 관심과 정보는 있지만 일단 빚 먼저 갚아야 한 다는 생각에 제대로 된 재테크는 마음 편하게 시작하지도 못한다. 돈이 라고는 월급 들어오는 날, 통장에 하루만 머물 뿐, 버는 족족 대출금을 갚느라 정신이 없는 그들에게 투자란 여전히 먼 미래의 일이다. 무엇보 다 결혼하기 전에는 여자보다는 남자가 특히, 신용카드의 유혹에 빠지 는 경우가 많다. 신용카드도 엄연히 빚의 일종인데 마치 자본 같다는 유혹에 빠지기 쉬운 것이다. 결국 카드돌려막기를 하거나 차차 불어난 사용한도액의 늪에 빠져서 허우적대다가 결혼적령기를 놓치는 경우도 존재한다. 그제야 월급 대부분을 저축하려고 하지만, 갚아야 할 대출이 있는 상태에서 종자돈을 마련하기란 쉽지 않다. 만약 이미 대출이 있다면 저금리 대출상품으로 갈아 탈 수 있는지 발 빠르게 찾아보자. '금리 인하로 인한 대출 갈아타기 급증'이라는 헤드카피가 신문을 대문짝만 하게 장식하고 있는데도 여전히 고금리의 대출상품을 유지하고 있는 것만큼 안타까운 것도 없다. 2013년도에 생애최초주택자금대출금리가 3퍼센트대로 인하될 거라는 따끈따끈한 소식도 꾸준히 경제신문을 본다면 찾아낼 수 있다.

D는 최근 결혼을 결심하면서 집 한 채 정도는 마련해둬야겠단 생각이 들었다. 주변에서는 전세로 시작하는 거라고들 하지만 이사비용도 만만치 않고 매번 집을 구하는 것도 고단하겠단 생각이 들었다. 목돈이 없기에 주택담보대출을 받아야 하나 고민 중이다.

D의 생각은 수긍이 가지만 쉽게 동의할 수 없는 이야기다. 주택 담보 대출을 받아서 집을 구입하면 매번 집을 구하는 번거로움이나 이사비용은 들지는 않는다. 대신 주택 구입 시 발생하게 되는 취·등록세와 각종 세금들까지 고려해야 하고, 자산으로서의 주택의 가치가 상승할 수 있을지 꼼꼼히 살펴보아야 한다. 만약, 전용면적 85제곱미터 이하, 6억 원 이하 주택을 구입할 계획이고 향후 부부합산 연소득이 성과급과 상여금을 제외한 기본급 기준 5,000만 원 이하인 무주택자라면 2013년 초 연리 3%대에 풀리는 '생애최초 주택구입자금 대출'이 있다. 무리한 대출은 가계경제에 심각한 후유증을 안겨줄 수 있으므로 대출은 주택가격의 60%의 범위 내에서만 받아야 함도 잊지 말아야 한다.

한편, 신용카드 유지 여부를 고민하는 당신이라면, 일단 월 지출계획만큼 사용한도를 낮춰놓은 뒤, 체크카드와 비교 사용해보고 자신에게 더 맞는 것으로 선택하라고 조심스럽게 말해주고 싶다.

결혼은 혼자 힘으로 하라는 부모님의 가르침을 새겨듣고 S는 억척스럽게 결혼자금을 모았다. 그런데 나이가 차차 먹어도 마음에 드는 결혼 상대자는 없고 돈은 있으니 유학을 다녀오려고 한다. 유학자금을 제하고서도 목돈이 좀 되는데 한국을 뜨게 되면 그저 은행에 묵힌 돈이 될까 걱정이 된다고 했다. 걱정 없이 안정적으로 돈을 굴릴 수 있는 방법 없을지 궁금해 했다.

나는 30대든, 40대든, 50대든 아낌없이 자기계발을 하는 여자에게 박수를 아끼지 않는다. 무엇보다 더 큰 세상을 향해 유학 계획을 잡은 사람을 보면 그렇게 멋져 보이고 부러울 수가 없다. 가장 훌륭한 재테크는 자기계발임이 틀림없고 유학은 수많은 재테크 중 가장 큰 수익률을 보장해줄지도 모른다. 요즘은 '버는 게 아니라 지키기만 해도 성공'이라고 이야기 할 만큼 투자처가 적긴 하다. 만약 유학 기간 동안 여유자금을 은행에 묵히기만 하는 것이 싫다면 '원금보장형ELS'를 추천한다. 주가지수연계증권이라고도 불리는 ELS는 저위험으로 분류되는 원금보장형으로 가입할 수 있고 만기가 다양하며, 최소 100만 원 단위부터 가입 가능하다. 단, 판매수수료나 중도상환수수료는 수익률과 상관없이 지급해야 한다.

앞에서 여러 가지 케이스를 살펴보았지만, 뭐니뭐니해도 가장 좋은 재테크는 자기가 속한 분야에서 최고가 되도록 끊임없이 노력하는 것이 아닐까 싶다. 투잡족을 넘어서 쓰리잡족 포잡족을 뛰는 요즘 청년들. 여러 가지 직업을 갖는다는 것은 전문분야를 다각화하는 측면에서도 훌륭하다. 부동산이나 사업처럼 크게 일을 벌리지 않아도 수익의 다변화를 꾀할 수 있다.

재테크에 성공하고, 나의 삶을 업그레이드하고, 행복한 인생을 꾸리는 것, 생각만큼 어려운 일이 아니다. 조금더 부지런하게 발품을 팔고 공부를 해서 더 멋진 삶을 살기를 바란다.

보이지 않는 우울증의 근원,
디드로딜레마

30세의 C는 대학교 때 친하게 지내던 여자 친구들을 만나러 나갔다. 모두 똑똑하고 야무졌던 친구들이라 각자의 자리에서 자기 몫을 해내고 있었고, 다들 일찍 결혼한 편이라 아이가 있거나 아이를 가질 계획을 세우는 중이었다. 집에서 갓 돌을 지난 아들 육아에만 전념하는 C는 친구들과 수다 떨고 오는 날이 좋았다. 바람도 쐴 겸 약속은 빠지지 않고 참석하는 편이었다. 그러던 그녀가 친구들과의 만남이 점점 부담스럽게 느껴지기 시작한 건, 대화의 주제가 서로가 가진 물질적인 것을 비교하는 쪽으로 흐르면서부터이다.

서로가 메고 온 가방이 명품이냐 아니냐 진짜냐 가짜냐를 은근히 저

올질 하는 것부터 시작해서, 최근에는 육아용품 경쟁까지 시작되었다. 100만 원을 훌쩍 넘는 명품 유모차들 중에서도 연예인 A가 끄는 것이 좋다, B가 끄는 것이 좋다가 오늘의 주 대화였고, 친구 N은 기저귀가방으로 명품백을 샀다며 C에게 기저귀가방은 무엇을 샀느냐고 물었다.

"응? 기저귀가방? 난 그냥 튼튼해 보이는 거 샀는데? 브랜드이름은 잘 기억이 안 나는데, 기저귀가방 전문 브랜드였던 것 같아."

대답을 하자마자 친구 N은 C를 측은하다는 듯한 눈빛으로 쳐다봤다. 친구들이 보고 싶어 기분 좋게 모임에 나갔던 C는 마음 한구석에 정체 모를 씁쓸함이 느껴졌다. 이제 유모차와 기저귀가방마저 명품으로 들어야만 하는가, 하는 회의감이 몰려왔다.

여자들은 가정이나 회사에서 쌓인 스트레스를 수다로 함께 풀어주는 친구들을 소중히 여기다가도, 한편으로는 서로가 가진 사회적, 물질적인 것들을 비교하며 묘한 경쟁의식과 질투심을 갖기도 한다. 사촌이 땅을 사면 배가 아프다고 나와 비슷한 처지에 있던 친구가 나보다 더 화려하게 치장을 하고 나와서 속칭 말하는 돈 자랑을 하기 시작하면 유쾌했던 감정이 불쾌해지기 마련이다. 탈탈 털어도 땡전 한 푼 나오지 않는 부도난 중견기업의 사모님이 '나는 아직 건재하다.'라는 것을 보여주기 위하여 수입차를 빌리고 일일 기사를 고용하여 동창회에 나갔다는 유명한 이야기가 거짓으로 들리지 않는다. 당신도 이처럼 어떠한 의

미나 목적도 없이 단지 누군가에게 보여주기 위하여 고가의 명품들을 마련해야겠다는 유혹에 빠져본 적은 없는가?

잘라 말해, 경쟁 심리를 바탕으로 한 소비생활은 결국 밑 빠진 독에 물붓기일 뿐이다. 단지 주변 사람들에게 과시하기 위하여 과소비를 일삼는 여자들은 아무리 비싼 것을 사도 끝내 만족하지 못하는 삶을 살게 되어 있다. 1700년경 프랑스 철학자 디드로는 어느 날 멋진 진홍색 침실 가운을 선물 받았다. 새 옷을 입고 서재에 앉으니 책상이 초라해 보였다. 책상을 바꾸자 이번에는 책꽂이가 거슬렸다. 그래서 새 책꽂이를 구입했다. 이렇게 계속 새로운 물건으로 서재를 바꾸어나갔지만 이상하게도 기쁘지 않았다. 이처럼 소비가 또 다른 소비를 낳고 욕망의 추구가 만족 대신 새로운 욕망을 낳는 이율배반적인 상황을 '디드로 딜레마'라고 한다. 사람은 어차피 돈을 계속 써도 쉽게 만족할 수 없으며 자꾸 새로운 것을 갈망하게 되어 있단 것이다.

C는 현재의 자신의 부의 정도에 만족하며 충분히 행복해하는 여자였지만 비교를 좋아하는 친구들 때문에 상대적인 빈곤감을 느끼기 시작하는 중이었다. 친구들이 선호하는 브랜드의 옷이나 신발, 육아용품, 수입자동차, 고급여행, 보석, 화장품, 명품 가방 등을 소유하면 상대적인 빈곤감이 해소될 것이라고 생각할 수 있다. 그러나 물질적인 것으로 상대를 평가하는 여자들은 끝내 그 습관을 버리지 못한다. C가 N이 말

하는 명품 기저귀가방을 마련해도 N과 같은 성향의 여자들은 C에게 왜 더 좋은 브랜드를 마련하지 못했느냐며 또 다른 물질적 비교를 시작할 것이다.

학원비 할인이 많이 되는 카드가 선풍적인 인기를 끌던 적이 있었다. 자녀가 있는 40대 전후의 여성 고객들이 손에 손을 잡고 은행에 내점하여 카드를 신규하고 갔다. 어느 날 기존 고객의 소개로 C와 D 2명의 여자고객이 그 카드를 신규하였는데, C는 가방부터 지갑, 옷이 모두 명품로고가 크게 박힌 속칭 명품녀였고 D는 명품은 아니지만 소재와 빛깔이 고급스러운 은근히 세련된 차림새를 하고 있었다. D는 보기에는 수수해 보여도 의외로 본인의 자산규모가 대단히 커서 은행 고객 중 2번째로 높은 클래스에 속했다. 그녀는 말수가 적고 소극적이어 보였다. 첫 인사를 조용하고 겸손하게 건네는 고객 치고 성격이 좋지 않은 고객을 본 적이 없던 나는 그녀에게 왠지 마음이 갔다. 반면 명품녀 C는 비싼 물건에 대한 정보 말고는 도통 아는 것이 없고 은연중에 자기를 과시하는 것을 빼고는 말할 줄 아는 게 하나도 없어 보였다. 그러나 그녀는 보이는 모습과는 다르게 매달 카드 값을 간신히 메우는 정도로만 본인의 자산을 관리하고 있었다.

카드를 신규하는 30분, C는 내내 매우 시끄럽게 자기자랑에만 열중하고 있었다. 저 과시욕을 주변 지인들은 어떻게 다 감당해낼까 궁금해

하는데 C가 갑자기 머뭇거리며 당황해 하는 것이 보였다. 별 말없이 가만히 듣고만 있던 D가 명품녀 C에게 나긋한 목소리로 질문을 하나 한 것이다.

"그래서, 더 좋은 건 뭐가 있는데?"

D는 그 뒤로도 C와 함께 은행에 자주 내점하였고, 둘은 퍽 친한 관계를 계속 유지하는 듯 보였다. D의 업무를 자주 보며 안면을 튼 나는 그녀에게 명품녀 C에 대해 넌지시 물었고 그녀는 내가 무엇을 궁금해하는지 이미 알아챘다는 듯 이야기를 술술 풀어나갔다.

"주변에서 보면 자기과시에 열중하는 여자들 때문에 주변 사람들이 피곤해지는 경우가 많아요. 그래도 순수한 면이 많이 남아있는 20대 때는 덜 하지만, 결혼하고 아이가 생기고 나이가 들수록 더 심해지는 걸 어쩌겠어요? 나도 예전에 남편 사업이 초창기여서 풍족하지 못 했을 때는 그런 친구들을 보면 괜히 지기 싫은 마음에 덩달아 더 허세 부리려고 했던 적이 있어요. 그런데 남편 사업이 안정적이고 한 달에 고정수입만 몇 천만 원정도가 들어오니까 이상하게 그런 게 아무 의미가 없어지더라고요. 요새는 그 친구가 뭐라고 하던 그냥 인정해줘요. 요즘 사람들 사이에서 인기 많은 게 뭔지 알 수 있으니까 그것도 정보를 얻는 측면에서는 좋고요. 내가 명품을 좋아하지 않는 건 그 값에 그 정도 가치를 못한다고 생각해서에요. 가치만 있다면 몇 백만 원이든 몇 천만 원이든 사겠죠? 그러나 아무리 좋은 거라도 나한테 필요 없는 물건을 주변 사람들의 눈 때문에 마련하는 건 바보 같은 짓이지 않겠어요?"

믿기 힘들겠지만 고급스러운 옷과 보석, 가방을 맨 부티 나는 많은 여자들 중에 상당수가 실제로는 부자가 아닌 경우가 많다. 그녀들은 단지 과시하는 것을 좋아해서 본인의 본능적 욕구에 충실한 삶을 살고 있다. 실제로도 본인의 부의 규모와는 상관없이 허세를 통해서라도 자신의 가치를 인정받고 싶어 하는 경우가 많다. 나이가 들어갈수록 그런 여자들이 하나, 둘 늘어나면서 주변 사람들까지 피곤해지는 경우를 수없이 보았다. 그러나 이러한 사실을 모르는 보통의 여자들은 왠지 허세를 부리는 친구가 좋다고 하는 것을 따라 해야 남들에게 뒤처지지 않을 것 같다고 생각하는 것이다.

진짜 부자 여자들은 상대적 빈곤감을 느끼게 만들려는 주변 여자들의 언행이 감지되어도 부화뇌동하거나 의식하지 않았다. 설사 내가 갖고 있는 물품들의 가치를 말로 직접 깎아내린다고 하더라도 자기 스스로와 안목에 대한 자신감이 있다면 남들이 선호하는 브랜드로 억지로 바꿔버리는 실수 따위는 하지 않는다. 다만 내가 간절히 원했던 것이거나 투자의 개념으로 꼭 필요하다고 판단하면 과감하게 지갑을 열 줄 안다. 이처럼 물건을 하나 사도 남이 아닌, 철저히 나를 중심으로 판단하는 것이다.

'부의 교양'이란 세미나를 들은 적이 있다. 소비와 부, 행복 등에 관한 다양한 연구들을 하나의 책에 모아서 서로의 의견을 이야기하는 자리였다. 나는 과연 '교양 있는 부란 어떤 것일까?' 궁금해 하며 세미나에 참가했다. 한 가지 기억나는 실험은 돈과 행복 사이에도 '한계효용 체감의 법칙'은 엄연히 성립하며, 시간과 돈을 쓰는 데 균형감각을 갖추어야만 인생이 행복해진다는 것이었다.

부도 그렇지만 빈곤이란 어쩌면 그저 상대적인 것이다. 국내 굴지의 대기업 사모님이 대한민국에서는 최고의 부유한 여자로 여겨지지만 아랍국가의 왕비 앞에서는 상대적으로 가난한 것과 마찬가지다. 주변 사람들보다 더 부자처럼 보이는 것만으로 더 행복한 여자처럼 여겨질 수 있다고 오해할 수 있지만 행복은 '-척'한다고 가질 수 있는 것이 아니다. 내가 언제 행복한 여자인지 중심을 잡고 소비생활을 하는 것이 나의 행복과 발전을 위해서도 좋다. 부를 통한 행복이란 상대적인 비교가 아닌, 절대적인 만족에서만 얻어지는 것이기 때문이다.

'자존심이 상하면 여자들은 쇼핑을 나가고 남자들은 이웃나라를 쳐 들어간다.'

— 외국 저널리스트

나는 당신이 부유한 척 하며 행복을 갈구하는 여자가 아니라 부유함에도 불구하고 겸손하고 세련된 그런 멋진 부자 여자들 중 하나가 되었으면 좋겠다.

귀족이 되는 첫 단계,
노블리스 오블리주를 실천하라

잉꼬 연예인 부부로 유명한 여배우 J는 매년 결혼기념일마다 남편과 함께 365만 원을 밥퍼재단에 기부한다. 하루에 1만 원씩 모아서 결혼기념일에 해외여행을 가거나 근사한 선물을 서로에게 주는 것이 아니라, 한 끼 식사도 해결하기 어려운 어르신들을 위한 봉사활동에 참여하여 밥과 반찬을 나눠드리고 모은 돈을 재단에 전달하고 온다. 그녀에게 항상 놀라는 점은 단순히 기부나 봉사활동을 많이 해서가 아니다. 그녀보다 훨씬 큰 액수를 한방에 기부하는 분들도 많고, 매일 고아원이나 양로원에서 어려운 분들을 돌보는 분들도 많다. 그녀에게 가장 배우고 싶은 점은, 다름 아닌 봉사를 인생의 행복과 연결시킬 줄 아는 행복의 연결고리에 관한 탁월한 이해력이다.

오른손이 한 일을 왼손이 모르게 할 때 그 진정성을 참으로 인정하는 사회 분위기 때문에, 유명인들의 기부나 봉사활동 소식이 언론기사에 오르면 반드시 악플이 함께 달린다. '가식적이다!'라는 내용의 댓글이 동반되고 심지어는 '돈 많이 벌면서 이것밖에 안 하냐, 더 해라.'라는 댓글도 있다. 꼭 유명인들만의 문제는 아니다. 틈틈이 봉사활동을 하고 이를 통하여 정신적인 행복을 얻는 많은 일반인들이 있지만 회사에서, 혹은 학교에서 자신의 봉사 경험담을 털어놓는 경우는 거의 없다. 혹시나 착한 척하는 위선적인 사람으로 오해 받을지도 모른다는 걱정 때문이다. 그러나 '나의 선한 갈증에 복종하라.'라고 했다. 사회적 동물인 인간의 행복에 관한 본성 중에 반드시 수반되는 착한 마음에 귀 기울일 때 삶은 더욱 풍요로워진다. 더불어 기쁨을 동반하는 지속적인 봉사활동은 단순한 희생적 활동이 아닌, 개인과 가족의 행복을 더욱 공고히 해주는 멋진 촉매제가 되어줌을 기억해야 한다.

올해 크리스마스에 남자친구와 일본 도깨비 여행을 가기로 계획한 J양은 함께 커플통장을 만들자고 제의했다. 데이트 할 때마다 5천 원씩 비용을 절감하여 이를 통장에 모아서 비행기 비용과 숙식에 보태기로 했다. 월말이라 고객들이 북적북적했던 은행 객장에서, 부푼 마음을 안고 남자친구의 손을 꼭 잡은 채 순서를 기다리던 그녀에게 마침 〈해외

아동 후원 - 제 딸을 소개합니다〉라는 소책자가 눈에 띄었다. 까만 피부에 천진난만한 표정으로 수줍게 웃고 있는 짐바브웨의 한 소녀 사진이었다. 12세 소녀는 식수가 부족하여 매일 먼 곳에서 물을 길어오거나 이마저도 부족하여 오염된 물을 마시고 있다고 했다. 기초적인 예방접종도 못하여 각종 질병에 위협받고 있으며, 제대로 된 교육은 꿈도 못 꾼다고 한다. 그런 소녀에게 원거리에 위치한 대한민국의 한 청년이 매달 3만 원씩 기부를 하며 소녀를 돕는 사랑의 키다리 아저씨가 되어주는 것이다. 이 단체에서는 소녀가 어떻게 성장하고 있는지 주기적으로 보고하고 사진을 보내준다고 했다.

수년 전 고등학생 시절 의무적으로 봉사활동을 한 것 빼고는 봉사와는 담을 쌓고 살던 그녀의 마음속에 갑자기 작은 메아리가 울려 퍼졌다. 아직 아이를 낳을 나이는 아니었지만, 지구 어딘가에 나의 딸과 아들을 두고 예쁘고 건강하게 커가는 것을 돕는다는 것은 참 의미 있겠다 싶었다. J가 갑자기 눈물을 글썽이며 반짝거리는 눈으로 남자친구를 바라보자 남자친구는 "왜? 왜 그러는데?"라고 물었다. 남자친구에게 짧게 자신의 의견을 피력하니 그는 당장 "오케이 좋아!"를 외쳤고, 돈을 모으기 위해 커플통장을 만들러 온 그들은 오히려 해외구호단체에 후원금 자동이체 신청을 하고 돌아왔다.

원래부터 서로를 뜨겁게 사랑하는 그들이었지만, 후원을 하기로 결정한 후로 사랑이 부쩍 더 커졌음을 절실히 느낄 수 있었다. 후원 아동의 성장보고서를 받아보며 흐뭇한 마음을 함께 공유한다는 것은 멋진 경험이었다. 서로의 착한 마음을 확인하며 상대에 대한 신뢰도 더욱 커졌다. 그들의 사랑은 더욱 견실해져갔다. 그해 크리스마스 일주일 전, 그들이 후원하는 아들, 딸이 보내준 '엄마, 아빠 사랑해요.'라는 내용의 크리스마스카드는 그해 겨울을 어느 때보다 따뜻하게 만들어주었다.

'만인에 대한 만인의 투쟁'이라는 말로 유명한 '리바이던'의 저자 토마스 홉스 Thomas Hobbes는 자신의 저서에서 인간은 오로지 자신의 이익만을 추구한다는 말을 했다. 어느 날 홉스가 길을 가다가 거지에게 적선을 하는 것을 본 친구는 그의 행동은 이기적인 행동이 아니기 때문에 그의 이론에 반한다며 고개를 절레절레 흔들었다. 그러자 홉스는 "내가 거지에게 돈을 준 것은 거지를 돕기 위해서가 아니라네. 내 돈을 받고 기뻐하는 거지의 모습에서 내 자신이 즐거움을 얻을 수 있기 때문이지."라고 답했다. 봉사활동을 열심히 하는 사람을 보면서 억지로 착한 행동을 하는 것 같다는 느낌을 받는다면 당신은 아직 봉사의 참의미를 모르는 사람이다. 남을 도와주는 것은 내가 기쁨을 느낄 수 있는 것이지 다른 거창한 것이 아니다. 기쁨은 어디 그냥 얻어지는가. 자비는 받는 사람보다 베푸는 사람을 더 행복하게 만든다. 왜냐하면 자비를 베푸는 사람은 더 많은 권한을 가지고 있다고 느끼기 때문이다. 더불어 사람은 사회적 동물이다. 다른 사람과 관계를 개선할 수 있는 행동이면

무엇이든 우리의 행복감을 증진시키기 마련이다.

기쁨은 나누면 두 배가 되고 슬픔은 나누면 반이 된다고 했다. 봉사활동은 단순히 어려운 사람들의 짐을 같이 짊어지고 슬픔을 반으로 나누는 행동을 넘어서서, 나의 마음의 위안을 얻고 2배의 순수한 기쁨을 갖게 되는 행위다. 열심히 봉사하고 한 달에 커피 한 잔 값이라도 아껴서 적은 돈이라도 꾸준히 기부하자. 그리고 이로 인해 얻게 되는 긍정적 에너지를 주변에 마음껏 자랑하고 발산하자.

변변한 취미 하나 없는
여자가 되지 말라

세상을 가장 삭막하게 사는 여자는 변변한 취미 하나 없이 하루하루를 꾸역꾸역 메워가며 사는 이들이다. 지긋지긋한 회사에 출근과 퇴근을 반복하는 것만으로도 현재에 최선을 다한다고 생각하지만, 그런 태도는 매너리즘을 부르고, 매너리즘은 우울증을 동반한다. 직장 초년병일 때는 틈날 때마다 영어도 공부하고, 악기도 하나 배우고, 자격증도 따서 원하는 부서로 옮기거나 승진을 빨리 하겠다는 포부를 가지지만 시간이 흐를수록 목표는 희석되어 가고, 1년쯤 지나면 결국 주말에는 하는 일도 없이 하루가 지나가버리는 전형적인 나무늘보의 모습으로 변한다.

취미생활이 오래 가지 못하는 이유에는 여러 가지가 있지만 나와 적성이 맞지 않거나 장기적으로 비용이 많이 드는 어려운 취미를 선택하기 때문인 경우가 많다. 취미란, 내 삶을 재충전시켜주는 것 그 이상 그 이하일 필요도 없다. 끈기와 큰 비용이 필요하지 않는 단순한 것일수록 오래오래 지속되어 내 삶을 윤택하게 해주는 윤활유가 되어준다.

요리 블로거로 인기 있는 M씨는 처음에 요리를 그저 가사활동의 일부로 여겼다고 한다. 특별히 음식솜씨가 뛰어나지도 않은 탓에 남편이 가끔 음식 맛을 타박하기 시작하자 요리하기가 참 싫었단다. 오늘은 무슨 반찬을 하지, 국은 무엇을 할지 고민하는 것도 처음 1년 동안은 즐거웠지만 점점 골치 아파졌다. 이때 인터넷 카페를 통해 블로깅 활동을 알게 되었고, 글 하나를 올리면 전국 어디에서 누군가가 관심을 갖고 댓글을 달아주는 것이 그렇게 반가울 수가 없었다고. 남편이 간만에 맛있다고 칭찬해준 요리 레시피를 하나 올렸는데 반응이 폭발적이었고, 더 맛있는 레시피를 연구하다 보니 몇 년 뒤 그녀는 대한민국 요리 블로거 1위의 자리에 오르는 기염을 토했다. 지금은 요리강의와 TV출연으로 정신없이 바쁜 하루하루를 보내고 있다. 그녀는 처음부터 요리를 잘 하고 싶다, 혹은 블로거 1위가 되어 명예나 돈을 얻겠다라는 목표를 가지고 블로깅을 하지는 않았다. 그저 작은 댓글 하나에 고마운 마음이 생겼고, 레시피를 올리다보니 싫던 요리가 즐거워졌을 뿐이다.

취미란 즐거운 마음으로 임할 때 반짝반짝 빛을 발한다. 똑같은 밥을 먹어도 '맛집 찾아다니기'라는 타이틀을 가지고 신나는 마음으로 식사에 임하면 똑같은 밥도 더 맛있어진다. 사진 찍는 것이 취미라면 절친한 지인의 결혼식에는 멋진 스냅사진을 선물을 할 수도 있다.

먹고 살기도 바쁜 세상에 취미활동까지 언제 하느냐는 생각이 든다면 주변을 둘러보라. 똑같은 공간에 똑같은 업무를 하고 있어도 자기만의 취미활동을 하며 숨 쉴 구멍을 갖고 있는 여성들은 좀 더 여유가 있다. 신은 우리에게 똑같은 24시간을 주었지만 나만의 취미를 가진 자와 갖지 못한 자의 24시간의 의미는 차이가 크다. M씨처럼 취미가 직업으로까지 변하는 경우는 물론 드물다. 하지만 아래 A양처럼 예상치 못하게 내 삶과 본업을 즐겁게 해주는 경우는 참 많다.

모 컨설팅펌에 다니는 전도유망한 A양은 주말까지 아침, 저녁으로 일해야 하는 강한 노동 강도에 지쳐 회사를 그만두었다. 주말에는 취미 생활도 하고 인간처럼 살고 싶다는 간단한 이유에서였다. 두둑한 연봉에 명예까지 보장된 회사를 그만둔 그녀에게 이제부터 주말에 하고 싶은 취미생활이 뭐냐고 물었더니 '엑스트라'라고 했다. 멋진 남자 배우들도 많이 보고 재밌을 것 같다는 이유에서였다. 치의학전문대학원에 진학하여 주중에는 의사로 일하고 주말에는 엑스트라를 하면서 연예인을 보는 것이 그녀가 원하는 삶이었다. 꽃미남 그룹 가수를 특히나 좋아하는 그녀는 음악프로그램 방청객도 틈만 나면 하고 싶다고 했다. 서른도 넘은 어른인 그녀가 말하는 주말 취미활동의 순수함에 주변 사람들은 깜짝 놀랐다. 그 후로 치의학전문대학원에 진학한 그녀는 열심히 공부를 하고 계획대로 주말마다 연예인을 보러 다녔다. 엑스트라로 활동하며 대기시간에는 스태프들과 틈틈이 대화도 하고 친하게 지내다 보니, 그녀가 치과의사라는 소문이 퍼졌다. 미백이나 라미네이트, 치아교정을 원하는 배우들은 그녀에게 치아 상담을 하기 시작했고, 그녀의 병원은 개원하자마자 연예인이 단골인 유명병원으로 입소문을 탔고, 현재는 예약하지 않으면 진료를 못 받을 정도로 문전성시를 이룬다고 한다.

어른스럽지 못한 얼토당토않은 취미처럼 보였지만, 그녀의 취미활동은 그녀를 늘 함박웃음 짓게 하는 엔돌핀이 되어줌을 넘어서서, 경쟁이 심한 치과업계에서 톡톡한 효자 마케팅 효과까지 가져다주었다.

나만의 취미활동을 갖고 있는 사람은 매일 매일이 지루할 틈 없이 설렌다. M씨와 A양처럼 예상치 못한 선물을 주기도 한다. 무엇보다 처음 만나는 사람과도 언제든 이야기할 수 있는 화제도 하나 갖고 있어서인지 항상 자신감이 있다.

보다 풍요로운 삶을 바란다면 나에게 맞는 가장 쉽고 멋진 취미활동이 무엇인지 그려보아라. 골프나 승마처럼 장기적으로 지출이 큰 취미가 반드시 더 큰 행복을 가져다주는 건 아니다. 나의 일상을 1퍼센트 더 즐겁게 해줄 수 있는 취미활동이면 충분하다. 취미란 소홀히 여기고 무시하기엔 의외로 우리 인생에 가져다주는 즐거움이 너무 크다.

적은 비용으로 일상을 업그레이드 하는 센스 있는 여자들

　며칠 전 싱글로 지내는 회사 선배 C가 이사를 했다고 하여 후배 J는 가벼운 와인 한 병을 들고 놀러갔다. C는 10년 동안 돈을 많이 모아서 시골에 조그만 빌라지만 벌써 집이 2채나 되는 골드미스였다. 재정적으로 넉넉해서 후배들에게 항상 맛있는 식사를 샀기 때문에 따르는 후배들도 많았다. 다만 회사에서 책상정리를 잘 하지 않아서 C의 자리에는 늘 먼지가 수북이 쌓여 있고 종종 물건을 잃어버렸다. 집안에 들어선 J는 깜짝 놀랐다. 한창 DIY가 유행인 요즘, 어떠한 인테리어의 흔적도 없는 산만하고 정돈되지 않은 집안 분위기도 그렇지만, 정작 그녀의 눈길을 끈 것은 선배의 정리정돈에 관한 태도였다. 언제 결혼을 할지 모르기 때문에 집을 꾸밀 필요도 없고, 결혼하면 회사를 당장 그만 둘 것이기 때문에 자신의 자리를 예쁘게 가꿀 필요도 없다고 생각하는 것 같았다. 그렇다고 주변을 쾌적하고 청결하게 가꿀 시간에 다른 일을 하면서 열심히 보내는 것 같지도 않았다.

정돈을 깔끔하게 하는 사람일수록 정신적으로도 건강한 확률이 높다. 슬럼프에 빠지면 청소도 하기 싫고 주변 일에 무관심하게 된다. 치우고 닦는 것을 즐기는 여자는 부지런한 천성을 가졌고, 그렇지 못한 여성은 단지 느긋하고 여유로운 성격의 소유자라고 단정 짓기에는 후자가 되어 놓치는 기회가 너무 많다. 일단 주변 사람들에게 '저 사람은 원래 지저분하고 게을러.'라는 인상을 주게 되므로 중요한 일을 맡거나 근사한 이성을 소개받는 횟수도 자연히 줄게 된다.

C는 집문서와 통장잔고는 넉넉할지 몰라도 J의 눈에 그녀는 현명하게 인생을 운영해가며 행복한 삶을 향유할 자격이 있어 보이지 않았다. 금방 이사할 집이라면 굳이 비싼 인테리어 비용을 대가며 꾸밀 필요는 없지만, 스티커 벽지 하나로도 집안 분위기를 충분히 화사하게 바꿀 수 있고, 페인트칠을 통해 가구도 리폼할 수 있다. 현명한 여성들은 작은 비용을 투자하여 자신의 삶과 주변을 쉽게 업그레이드 시킨다.

33세라는 늦은 나이에 쇼핑호스트에 입문한 K는 리포터 활동을 몇 년 동안 했지만, 월급이 워낙 박봉이고 일거리도 들쑥날쑥했던지라 모아놓은 자본이 거의 없었다. 그러나 비싼 옷을 입지 않아도 그녀는 항상 스타일리시했고, 그녀의 집과 회사 책상은 늘 깔끔하게 정리되어 있어서 주변 사람들에게 늘 좋은 인상을 남겼다. 계절이 바뀌어 옷을 한 벌 마련해도 스타일을 두 배로 살려줄 수 있는 헤어스타일과, 저렴하지만 예쁜 액세서리를 함께 구매하여 전반적인 스타일링을 완성한다. 똑같은 요리를 해도 밋밋한 접시에 담기보다는 그날그날 요리의 특성과 기분에 따라서 접시를 골라서 음식을 담았다. 굳이 백화점에 가서 이태리제 접시를 사는 것이 아닌, 천원샵 같은 곳에서 충분히 튼튼하고 예쁜 접시를 손쉽게 구해왔다.

똑똑한 여자는 자기가 소유한 것의 가치를 디그레이드 시키지 않는다. 언제나 한 가지만 명심하라. 깔끔하고 자기관리가 철저한 사람이란 인상이 형성될수록 더 좋은 사람을 만날 기회와 더 멋진 업무를 맡을 확률은 높아진다는 것을. 주변과 나 자신을 정리정돈하고 작은 투자를 통해서 작은 것부터 고급스러움으로 업그레이드 해나가는 것이 필요하다.

쇼핑중독녀의
종말

　C양의 어머니는 남편의 사업 실패로 어려운 형편이었지만 소중한 외동딸에게만큼은 부족한 것 없이 다 해주고 싶었다. 그런데 높은 물가에 딸의 큰 씀씀이를 감당할 수 없게 되자 앞으로는 아껴서 살아야 한다고 강조했다.

　대학교를 졸업하고 취업에 성공한 C양은 입사하자마자 신용카드를 만들었고 한동안 참아왔던 쇼핑을 시작했다. 백화점 명품관 문을 열고 들어가면 까만색 정장을 입고 하얀 장갑을 낀 채 45도 각도로 깍듯이 인사하며 맞아주는 점원들을 보는 낙이 좋았다. 비싼 가방이나 시계, 옷도 수개월 할부로 구매하면 되니 처음에는 큰 부담이 없었다. 그러나 카드값이 점점 밀리게 되자 마이너스 대출로 카드값을 막았고 이마저도 여의치 않자 카드사를 돌아다니며 카드를 발급받아 현금서비스를 받기 시작했다. 수백만 원에서 시작하여 수천만 원으로 늘어나는 카드값을 감당하지 못하는 C양은 결국 어머니에게 이 사실을 고백했고 딸이 신용불량자가 되는 것을 보고만 있을 수 없는 어머니는 그동안 어렵게 모아왔던 예금을 해지했다.

쇼핑중독에 빠진 여자들이 쇼핑을 선택하는 가장 큰 이유는 '보상심리'다. 이화여대 소비자 인간 발달학과 정순희 교수의 논문 〈전업주부의 TV 홈쇼핑 중독 구매 성향에 관한 연구, 한국 가족자원 경영학회지(8권 3호 62쪽, 2004)〉에 따르면, 어린 시절 부모님이 원하는 물건을 다 사주고, 칭찬받을 일을 하면 돈이나 선물로 보상받은 경험이 많은 사람일수록 쇼핑중독에 빠질 확률이 높다고 한다. 어른이 되어 직장이나 가정에서 공허감을 느끼고 자아존중감이 충족되지 않으면, 물질적인 것으로 보상을 받으려고 하는 것, 그것이 바로 쇼핑중독의 주범이다.

중독구매 성향이 높은 사람들은 늘 그렇게 '쇼핑하는 순간이 주는 희열'을 선택하기 때문에 내면의 공허함이 일시적으로만 해소될 뿐이라는 사실을 의식하지 못한다. 그러나 어떤 스트레스 하에서건 불필요하게 물건을 충동구매하는 습관을 갖고 있는 여자는 성공하기 힘들다. 물론 돈이 넘쳐나는 재벌 딸 정도 된다면 쇼핑으로 인한 경제적인 파탄으로 가지 않겠지만, 그런 사람도 진정한 내면적 행복을 갖추는 데에는 다른 여자들보다 몇 배는 더 힘든 과정을 거쳐야 한다.

남자들보다 여자들이 쇼핑중독 성향에 빠지기 쉬운 이유는 쇼핑 경험이 더욱 많기 때문이다. 쇼핑을 통하여 일시적으로 해방감을 느끼고 자신이 존중받는다는 경험을 해본 대부분의 경우, 고질적인 쇼핑중독에서 빠져나오기 힘들다. 현재 20대, 30대 때에는 씀씀이가 크지 않다가도 결혼 후 우울증과 함께 쇼핑 중독에 빠지는 경우도 종종 발생한다.

그렇다고 쇼핑이란 나쁜 것이니 절대 하지 말라는 이야기가 결코 아니다. 화장품 사는 값 아끼느라 여기저기에서 받은 제조업체가 불분명한 샘플로 기초화장을 하고, 마음에 드는 새 옷 한 벌 못 사 입고 몇 년 된 옷만 주구장창 꺼내 입는 것도 나의 아름다움, 나의 삶에 대한 직무유기다. 다만 여자마다 옷, 가방, 화장품, 액세서리 등 만족을 극대화시키는 분야가 다르고, 그에 따라 특별히 지출해야 하는 규모도 다르다. 단지 스트레스를 풀고 공허함을 채우기 위하여 카드를 무분별하게 긁어대는 실수를 범하지 않고, 철저한 계획 하에 자기만족을 극대화하며 쇼핑에 정성을 기울일 줄 아는 여자만이 평생 만족스런 소비생활을 할 수 있다.

앞으로는 그 누구도 불안한 자아정체성을 쇼핑으로 완화시키고자 하는 우를 범하는 일이 없길 바란다. 쇼핑은 적당한 통제 하에서만 최고의 미덕을 발휘한다.

chapter 6

우리는 다양한 재테크 상품을 비교해보고 가입하기 쉬운 시대를 살고 있다. 하지만 아직도 상품에 대한 정확한 이해나 공부 없이 주가가 오른다는 신문기사나 펀드로 큰 수익을 보고 있다는 지인들의 말에 휩쓸려 묻지마 투자를 하는 고객이 더 많다. 일단 가입하고 나면 펀드매니저들이 알아서 운용해주겠지라는 생각에 한동안 관심을 뚝 끊다가, 어느 날 주가가 폭락하고 있다는 뉴스에 화들짝 놀라 은행에 헐레벌떡 뛰어가곤 한다. 그러나 재테크 고수들의 의견을 종합해보면, 다양한 재테크 상품에 조금씩 가입해보고 나하고 궁합이 맞는 상품을 찾아내어 나만의 투자 스타일을 확립하는 것이 최고의 재테크이다.

은행과 친한 여자들만이 아는
5가지 재테크 비밀

강렬한 욕망을 버리고 싶거든,
그 어머니인 낭비를 버려라.

• 키케로 •

정기예금해지 VS.
예금담보대출

얼마 전, 목돈을 예금한 통장을 가지고 와서 해지해 달라고 요청한 고객이 있다. 고객은 기분이 매우 언짢아 보였다. 만기가 한 달밖에 남지 않아서 이대로 해지하면 이자 손실만 약 백만 원 가까이 되는 걸 이미 아는 듯 보였지만 어쩔 수 없는 이유가 있는 듯 했다. 불쾌해 보이는 고객님께 조심스레 말을 건네었다. "고객님, 만기가 한 달밖에 남지 않아서 이자가 너무 아깝네요. 예금담보대출을 받으시는 게 어떨까요? 예금담보대출을 받으면요……."

그때 그녀는 파르르 떨며 말했다. "대출이요? 대출을 받으라고요? 전 대출 같은 거 안 받거든요?" 단지 그날 기분이 안 좋았던 것이었는지, 원래 대출은 절대 받지 않는다는 원칙이 있었던 것이었는지는 모르지만, 내가 그녀에게 해줄 수 있는 최선의 선택은 빨리 예금을 해지해주는 것뿐이었다.

은행마다 규정이 다 다르긴 하지만, 예금담보대출은 당일 즉시 예치한 금액의 95퍼센트에서 100퍼센트를 지급해준다. 금리는 예금금리에 1%~1.5%를 가산한다. 예금금리가 4%라고 할 때, 대출금리는 5%~5.5%가 되므로 생각보다 낮지 않다라고 판단할 수도 있을 것이다. 실제로 예금담보대출을 하기로 동의한 고객의 경우라도 '내가 넣어놓은 돈으로 내가 대출을 받는데 무슨 금리가 이렇게 높느냐?'고 불만을 제기하시는 분도 계시다. 그러나 예금담보대출을 받는다고 해서 원래 제공되기로 한 이자가 감면되는 것이 아니고, 그 기간 동안 이자는 꼬박꼬박 쌓이므로 실제 지급하는 대출이자만 의식할 필요는 없다. 위의 고객 같은 경우 예금금액은 1년 만기 3,000만 원이었고 금리는 연이율 4.2%였다. 이자만 1,260,000원으로 세금 15.4%를 제외하고 나서도 1,065,960원이다. 그러나 예금을 해지하고 나면 원금은 보존되지만 이자는 원래 받기로 한 이자에 한참 못 미치는 수준밖에 받지 못한다. 만약 4.2%의 예금금리에서 1.5%의 가산금리가 붙어서 대출 이자가 5.7%라고 하더라도 한 달간의 이자액은 142,500원(=3,000만원×(4.2%+1.5%)×(1개월/12개월))이다.

31,065,960원에서 142,500원을 제한다고 해도, 중도해지보다는 약 90만 원의 이자를 보존하는 것이 가능해진다. 예금담보대출은 중도에 상환하는 것도 가능하다. 원칙은 중도상환수수료가 나오지만 예금해지 금액에서 상환하면 감면이 가능하기 때문이다. 비록 작성해야 할 서류도 많고 번거로운 과정이기는 하나, 오랜 시간 동안 열심히 예치해놓은 목돈을 이자도 제대로 받지 못하고 해지해버리는 것은 무척 아까운 일이다.

만기를 얼마 남기지 않고 예금을 해지하러 온 고객들에게 예금담보 대출을 항상 권하지만, 대개 급한 이유로 오신 분들이 많아서 서류를 작성하다가도 "그냥 해지할래요. 해지해주세요."라고 이야기하는 상황을 종종 겪게 된다. 그러나 만기가 얼마 남지 않은 예금일 경우와 특히 손실액이 큰 펀드일 경우에는 해지에 좀 더 신중해야 함은 두말할 나위도 없다. 은행마다 다 다르긴 하지만 펀드는 당일 평가액을 기준으로 주식형은 50%, 혼합형은 60%, 채권형은 90% 한도로 대출을 받을 수 있다. 대개 주식형이나 혼합형 펀드를 가입하므로 펀드담보대출의 경우 한도액이 50~60% 정도라고 생각하면 편하다. 펀드는 해지를 하더라도 해지금액이 수일 후에 입금되므로 급하게 돈이 필요할 경우에 담보대출을 유용하게 이용할 수 있다.

무엇보다 안타까운 것은 적금은 적금대로 마이너스대출은 마이너스 대출대로 갖고 있는 경우이다. 특히 직장인들은 한도대출, 즉 마이너스

통장을 갖고 있는 경우가 많다. 누구나 초기에 마이너스통장을 만들 때에는, 언젠가 급한 돈이 필요할 때 시간을 내어 은행에 오는 것이 힘들 경우를 대비해 만들어만 둘 생각이었다. 어차피 이용하지 않으면 이자를 지급하지 않으므로 부담도 없다. 그러나 견물생심이라고 눈을 살짝만 돌리면 써야 할 돈, 사야할 물건이 어찌나 많은지 모른다. 일단 한 번 '마이너스 통장'의 굴레에 빠지면 언젠가는 받아놓은 한도만큼 돈을 다 쓰는 날이 오고야 만다. 더군다나 마이너스 통장의 이자 금리는 개별 대출에 비하여 높은 편이고 연장할 때마다 오르기까지 하므로 나의 금융 포트폴리오에 독이 될 것이 분명하다.

적금은 적금대로 마이너스통장은 마이너스통장대로 갖고 있는 경우에는 일단 마이너스 통장은 없애기를 바란다. 비상시를 대비해서 마이너스 통장을 갖고 있길 원한다면 대신 인터넷뱅킹을 통한 예금담보대출 서비스를 미리 신청해놓는 방안이 있다. 짧은 기간 동안 급한 돈이 필요할 경우 은행에 와서 번거롭게 서류를 작성할 필요도 없이 십여 분 정도의 시간투자로 뚝딱 한도액만큼 필요한 금액을 저리에 대출 받을 수 있다.

예금담보대출을 시기적절하게 잘 이용하는 여자들은 어떤 금전적 긴급 상황이 와도 손해보지 않고 급전을 마련할 수 있는 비책을 가진 것과 다름없다고 생각한다. 물론 미리미리 적금이나 펀드를 통해 담보를 받을 수 있는 종자돈도 마련해놓아야 한다. 거기에 틈틈이 은행원과도 많은 대화를 나누어서 은행의 다양한 시스템을 효율적으로 이용하는 팁을 수시로 업데이트 받아야 한다. 돈은 그렇게 작은 돈도 소중히 여기는 여자의 것이다.

신용카드 없이 살기 VS.
실속 있게 신용카드 쓰기

J는 이제부터라도 소비를 줄이고 저축을 열심히 해야겠다고 생각하고 있다. 회사에 취업한지 1년이 지났지만 매달 20만 원씩 납입되는 적금 말고는 모은 돈이 없었고, 그녀가 돈을 어디에 지출하는지 세세하게 알지도 못했다. 그녀는 점심시간마다 마시는 커피와 디저트, 택시비 등이 매달 쏠쏠치 않게 지출되고 있음을 알게 되었다. 서점에 들려 몇 권의 재테크 서적을 구매하고 휴가를 맞아 은행으로 향한 그녀는, 일단 신용카드를 해지하는 것으로 재테크의 첫걸음을 시작하기로 했다.

은행에서 근무하다 보면 '띵동' 벨이 울린 후 비장한 얼굴로 자리에 앉는 고객들이 있다. 그 중에는 J처럼 신용카드를 해지하러 온 고객이 종종 있었다. 소득공제 혜택도 체크카드보다 줄어들었고 무엇보다 자신이 가진 소득 범위 내에서만 지출을 해야겠다는 각오를 한 뒤였다. 몇 달 후 그녀들을 다시 만나보면 신기하게도 100에 80은 신용카드를 다시 발급받은 상태임에 새삼 놀라곤 했다. 체크카드만을 쓰다 보면 불편한 점이 여러 가지가 있었는데, 급여가 들어오기 며칠 전에는 통장에 잔고가 별로 없는 상태라서 생필품처럼 꼭 필요한 물건을 사야 할 때도 불안했는가 하면, 무이자 할부를 이용할 수가 없어서 몇 개월 치 학원비나 피부관리실 비용을 등록할 때도 불편했다고 한다. 무엇보다 어떤 어떤 카드를 쓰면 몇 퍼센트 할인이라는 팸플릿을 보면서도 할인을 받지 못할 때는 입맛이 씁쓸해지는 경험이 일일이 열거할 수조차 없을 정도로 많았다고 했다.

챕터5의 쇼핑중독녀의 종말에서 말하려고 하듯이 신용카드는 한 번 잘못된 습관이 들면 재테크뿐만이 아닌 인생의 심각한 악성종양이 된다. 그러나 신용카드 없는 사람을 주변에서 찾아보기 힘들만큼 신용카드사용이 보편화된 시점에서, 신용카드의 장점만 쏙쏙 골라 쓰는 현명한 카드 관리 능력에 눈을 뜬다고 생각해보자. 일찍 눈을 뜨면 뜰수록 더 이상 '신용카드를 해지해? 말아?'라는 고민의 노예가 되지 않아도 된다. 똑같은 돈을 사용하면서도 더 많은 할인혜택과 포인트를 쌓을 수 있고 남의 돈을 공짜로 한 달간 빌려와서 쓸 수 있으니 이는 잘만 사용하면 절대 손해 보는 일이 아니다. 한 달에 최대 5만 원씩 할인을 받는다고 하면 1년 동안 60만 원의 할인 혜택을 볼 수 있다. 이는 약 1,500만원의 정기예금을 1년 동안 연이율 4.2퍼센트의 금리로 예치하였을 때 받는 이자 532,980원보다 많다(1,500만 원×4.2%−630,000원×15.4%).

신용카드를 똑똑하게 관리하는 신용카드의 달인들은 대개 자기만의 특별한 노하우를 갖고 있었다. 이제 누구나 알 수 있지만 아무나 실천하지 않는 비법들을 살펴보도록 하자.

▶ 카드를 발급받으러 온 고객들은 보통 카드의 혜택에는 많은 관심을 갖지만 결제일은 아무 때나 상관없다고 여겨서 대개 급여일 다음날로 지정해버리고는 만다. 그러나 지혜로운 카드 사용의 첫 단계는 신용카드 결제일을 신중하게 선택하는 것부터 시작한다. 카드 결제일은 카드 사용기간에 따라 변하는데, 은행이나 카드사별로 다르지만 12일~18일 사이를 결제일로 정하면 딱, 전월 1일부터 전월 30일까지가 사용기간이 된다. 만약 지난달 카드 결제 금액이 70만 원이었는데 이번 달 결제금액이 80만 원으로 늘었다면 지난 달 10만 원이나 더 소비를 한 것이다. 이때는 가계부를 일일이 작성하지 않아도, 이메일이나 우편으로 배달된 카드 내역서를 쓱 훑어보는 것만으로 1일부터 30일까지의 월간 소비패턴을 꿰뚫어볼 수 있다. 만약 당신이 가계부를 일일이 작성할 수 없을

만큼 바쁘고 대부분의 소비를 카드로 사용하고 있다면 카드 결제일을 전월 사용기간에 맞추어 바꾸는 것이 낫다.

▶ 신용카드를 발급받은 후 예상보다 한도가 많이 나오는 경우가 있다. 나의 신용이 우량하다는 의미에서 기쁜 일이지만 불필요하게 한도를 높여두지 말아야 한다. 지출 관리 능력을 키우려면 한 달에 얼마까지 소비할 것인가를 고려하여 카드를 발급받은 즉시 적정 한도로 줄여놓아야 한다. 한도를 늘리는 것은 은행거래 등급과 소득여부를 다시 산출해야 하므로 어렵지만 한도를 줄이는 것은 매우 손쉽다. '매달 절대 80만 원 이상 소비하지 않겠다.'라고 마음을 먹었다면 나의 한도는 80만 원으로 충분하다. 더불어 신용카드나 체크카드를 분실하였을 경우 미리 한도를 정해놓으면 내가 정한 한도 내에서만 사용할 수 있으므로 도난 시에도 더 안전하다.

▶ 은행과 카드사 간의 신용카드 발급 경쟁이 심화되면서 초회 연회비 면제 서비스가 없어진지 꽤 되었다. 그러나 아직 대부분의 카드들은 연간 사용실적에 따라서 이듬해부터는 연회비 면제 혜택을 주고 있다. 연간 사용실적 기준이 까다롭지 않은 경우가 많으므로 카드를 선택할 때는 연회비보다는 내가 1년 동안 최대한으

로 받을 수 있는 혜택이 얼마나 되는지에 집중하는 것이 맞다. 이 때 꼼꼼히 살펴보아야 할 것이 전월 신판 결제 회수금액에 따른 월간 할인한도이다. 팸플릿에 최대 10퍼센트 할인이라고 크게 광고하는 카드이지만 전월 결제 회수금액이 일정금액 미만이면 할인이 안 되는 경우도 흔하다. 이와는 달리 월간 할인한도는 정해져 있으나 전월 신판 결제 회수금액과는 상관없이 약속한 만큼의 할인혜택을 제공하는 카드도 존재한다. 은행이나 카드사별로 이러한 카드는 몇 개씩 꼭 있으니 꼼꼼히 살펴보고 챙겨두도록 하자. 또한 카드사간의 경쟁이 심화되면서 경쟁적으로 신규카드가 나오고 있으므로 나의 생활패턴에 쏙 맞는 신규카드가 발행되지 않았는지도 항상 두 눈 크게 뜨고 살펴보아야 한다.

▶ 현금서비스는 하늘이 두 쪽이 나도 받지 말자. 신용카드에서 제공되는 현금서비스는 이자율도 무척 높을 뿐더러 엄밀히 말해 대출의 영역에 속한다. 실제로 고객의 전 금융기관 대출현황조회를 하면 현금서비스 받은 금액도 대출로 취급되어지는 것을 알고 고객들은 깜짝 놀라고는 한다. 은행 대출 창구에 앉아 이것저것 작성하고 서류를 제출하지 않아도 현금을 쉽게 뽑아 쓸 수 있는 편리함을 제공하는 만큼 금리 또한 살인적으로 높다. 나의 소비 생활 자제력이 의심스러운 당신이라면 당장 현금서비스 사용한도를 최

저금액으로 미리 낮춰두는 것도 지혜로운 방법이다.

일단 신용카드를 사용하기로 결심했다면 '신용카드를 해지할까? 말까?'라는 소모적인 고민은 버려야 한다. 신용카드는 우리가 생각하는 것보다 훨씬 더 빨리 진화하고 있다. 나에게 가장 적합한 카드는 어떤 것이 있는지 치밀하게 알아보고 꼼꼼하게 이용하는 똑똑한 소비자가 되어라. 지혜로운 카드 관리 능력은 현대사회에서 꼭 필요한 능력 중의 하나이다.

펀드 VS.
ETF

2007년 10월에 가입한 한 펀드에서 −30퍼센트의 손실을 입고 환매한 적이 있는 S는 다시는 펀드에 가입하지 않겠다고 다짐했다. 그러나 적금 금리는 계속 낮아지고 종합주가지수는 연이어 오르는 것을 보고는, 마음을 바꾸고 펀드 공부를 시작했다. 재테크에 유달리 관심이 많았던 S는 이제는 언론이나 주변 사람들의 말에 좌지우지 되지 않고 스스로 열심히 상품을 분석하여 수익률을 내겠다는 목표를 세우고 실천하고 있다.

실제로 S는 우리 지점에서 최고의 재테크 실력을 선보이는 고객이었다. 투자금액 자체가 많지 않아서 수익금이 크진 않았지만 그녀가 가입하는 펀드들은 거의 모두 가장 높은 수익률을 자랑했다. 자본시장통합법이 시행된 이후 펀드에 가입하기 위해서는 1시간 정도가 소요될 정도로 설명할 거리가 많았지만, 한 달에 한 번 꼴로 은행에 내점할 정도로 다양한 재테크 상품에 관심이 많던 그녀는 오히려 내가 배워야 할 점이 많은 재테크의 고수였다. 일반적인 펀드는 가입한지 90일 미만 내에 환매 시 이익금의 70%를 수수료로 가져가고, 금액이 들어오는 데는 펀드별로 최소 2일에서 5일, 특히 해외펀드의 경우에는 기본적으로 열흘정도가 소요된다. 그래서 올해 결혼 계획이 있는 그녀는, 최근 펀드 중에서도 인덱스 펀드, 인덱스 펀드 중에서도 ETFExchange Traded Fund(상장지수펀드) 신탁상품에 많은 비중을 둔다고 했다.

인덱스펀드란 특정 주가지수의 수익률을 쫓는 펀드이다. KOSPI 200 지수와 같은 특정지수를 구성하는 주식들을 시가총액 비중에 알맞게 매입한 후 해당지수의 변동에 따라 펀드의 수익률이 결정된다. ETF는 이러한 인덱스펀드를 거래소에 상장시켜서 주식처럼 거래하는 것이라고 생각하면 이해하기 쉬울 것 같다.

그녀가 ETF의 매력에 흠뻑 빠지게 된 것은 바로 '투명성' 때문이다. 과거 일반 주식형 펀드에 가입하였을 때는 실제로 내 투자자금이 어느 종목을 매수하였는지 3개월에 한 번씩 이메일로 날아오는 운용보고서를 보고서야 알 수 있었다. 당시 시황이 좋지 않았지만 편입된 종목이 우량하다면 환매시기를 늦추고 기다려보려고 하였으나 정확하게 매수된 종목이 무엇인지 알 길이 없으니 울화통이 터졌다고 한다. 이에 반해 ETF는 매일 공시를 통해 포트폴리오를 손쉽게 확인할 수 있어서 투자자에게 유리하다.

ETF는 또한 수수료가 굉장히 낮은 편이다. 그녀는 과거 펀드 환매 시 −30퍼센트의 손실을 보고서도 펀드수수료로 약 연 2.5퍼센트가 꼬박꼬박 나간 것을 보고 기함했다. 반면 ETF는 평균 수수료가 약 0.5퍼센트로 5분의 1이나 저렴하다. 더불어 중도환매수수료가 없어서 만족할 만한 수익률이 나오면 언제든지 환매가 가능하다. 그러나 매월 HTS를 통해 직접 매입하는 것이 번거롭고, 특히 적립식으로 장기 운용하는 은행의 적립식 신탁에 가입하고자 한다면 수수료는 약 1퍼센트~1.5퍼센트 정도로 높아지지만 그래도 일반 주식형 펀드보다는 낮은 편이다.

무엇보다 가장 자세히 살펴보아야 할 것은 수익률이다. 2007년 제로인에서 발표한 결과에 의하면 1년 동안 우리나라에서 기준지수(벤치마크지수)보다 높은 수익률을 낸 주식형펀드의 수는 100퍼센트 중 24.03퍼센트에 불과하였으며, 2년 연속 기준지수보다 높은 수익률을 낸 펀드는 20.45퍼센트일 뿐이었다. 즉, 전체 주식형 펀드의 약 80퍼센트가 기준지수보다 낮은 수익률을 기록했다. 물론 조사기간에 따라서 결과는 달라질 수 있지만, 최근 많은 전문가들에 의하면, 일반 주식형 펀드가 장기적으로는 인덱스펀드의 수익률을 따라가지 못할 것이라는 예측에 무게가 실리고 있다. 주식시장 정보의 교류가 점점 더 활성화되고, 펀드 시장 규모가 커질수록 일반주식형 펀드가 인덱스펀드의 수익률을 넘기는 어려워 보인다.

요즘 우리는 다양한 재테크 상품을 비교해보고 가입하기 무척 쉬운 시대를 살고 있다. 인터넷뱅킹과 모바일뱅킹의 발달과 함께 금융기관의 문턱도 낮아져서 손쉽게 상품을 가입하거나 해지할 수 있으니 말이다. 하지만 아직도 상품에 대한 정확한 이해나 공부 없이 주가가 오른다는 신문기사나 펀드로 큰 수익을 보고 있다는 지인들의 말에 휩쓸려 묻지마 투자를 하는 고객이 더 많다.

일단 가입하고 나면 펀드매니저들이 알아서 운용해주겠지라는 생각에 한동안 관심을 뚝 끊다가, 어느 날 주가가 폭락하고 있다는 뉴스에 화들짝 놀라 은행에 헐레벌떡 뛰어가곤 한다. 그러나 재테크 고수들의 의견을 종합해보면, 다양한 재테크 상품에 조금씩 가입해보고 나하고 궁합이 맞는 상품을 찾아내어 나만의 투자 스타일을 확립하는 것이 최고의 재테크이다. S는 −30퍼센트의 손실 후, 그녀와 찰떡궁합인 상품으로 인덱스펀드, 그 중에서도 ETF를 찾아내고는 원금회복과 함께 쏠쏠한 수익의 맛을 즐기고 있다.

뭐든 시행착오나 수고로움 없이 쉽게 이루어지는 것은 없는 듯하다. 재테크도 많은 공부와 경험이 밑바탕 되었을 때 재미를 볼 수 있다는 사실을 기억해두자.

내가 아는 많은 고객은 2007년도 말에 가입한 펀드 때문에 골치를 썩고 있다. 국내펀드는 그래도 3년 정도 지나서 본전에 도달했거나 약간의 수익을 보았지만, 해외펀드 중에서도 중국, 브릭스 펀드는 대부분 마이너스 수익률이다. "적어도 본전 될 때까지는 기다려야 하지 않겠어요? 어차피 급한 돈도 아니니까……."

늘 이런 대답을 하는 고객은 3년 전에도, 1년 전에도, 그리고 얼마 전에도 근심이 가득한 얼굴로 같은 말만 되풀이하고 있다. 펀드에 자신이 없는 고객들은 주구장창 두기만 하면 원금은 회복될 것이라고 생각할 수도 있을 것이다. 그러나 근 시일 내에 원금회복 가능성이 희박한 펀드라면 해지하고 최근수익률이 좋은 펀드로 갈아타는 것이 낫다.

중국의 핑크빛 경제전망을 믿는 나는 2007년도 이후에도 중국펀드의 높은 과거수익률이 지속될 것이라고 생각했다. 그러나 일단 내가 가입한 중국펀드 수익률이 곤두박질치기 시작했고 나의 추천으로 해외펀드에 가입한 지인들에게 무척 미안한 마음을 가졌지만 곧 죄책감에서 해소될 수 있었다. 인덱스증권투자신탁으로 포트폴리오를 바꾸라고 권유하였는데 다행스럽게도 대부분 3년 평균 수익률이 70퍼센트를 넘기 때문이다. 순발력과 결단력을 가지면 손실회복이 불가능해 보이는 펀드를 해지하고 경쟁력 있는 펀드로 갈아타는 것이 가능해진다.

펀드를 해지하거나 가입하려고 할 때는 반드시 고려해야 하는 5가지가 있다. 다음 5단계 로드맵은 성공적인 펀드 투자를 위해 반드시 기억해두자.

100-자기나이 = 공격적 자산투자비율

〈100의 법칙〉이라고 불리는 법칙이 있다. 100에서 자기나 이를 뺀 숫
자를 공격적 자산투자비율로 보고 주식과 같은 위험성 높은 상품에 투자
하고, 나머지는 예금이나 채권에 투자하는 것이다. 예를 들어 30세라면
100-30을 하여 70퍼센트만 공격적 자산에 투자한다. 만약 당신이
30세인데 자산 의 100퍼센트가 주식형펀드에 편입되어 있다면 70정도
로 조정하자

나의 지식의 정도

무엇보다 중요한 것은 내가 잘 아는 분야의 펀드에 가입하는 것이다. 펀
드를 가입해보면 할수록 느끼게 되는 것은 '아는 만큼 보인다'는 것이다.
중국어를 잘 하고 중국경제기사를 매일 브리핑할 수 있다면 중국펀드에
가입하여도 된다. 금펀드, 농산물펀드, 원자재펀드와 같은 섹터펀드도 마
찬가지이다. 현재 가입해 있거나 가입하려는 펀드가 당신이 잘 아는 분
야의 펀드인지 확인하자.

보수

보수가 높다고 좋은 펀드도 아니고 보수가 낮다고 나쁜 펀드도 아니다.
같은 수익률이라면 이왕이면 보수가 낮은 펀드, 최소한 해마다 보수가 낮
게 책정되는 펀드를 가입하는 게 낫다. 총보수비용이 연 2.5퍼센트보다

높으면 비싼 편이고 낮으면 싼 편이다. 인터넷 가입상품은 보수가 상대적으로 낮게 책정되니, 꼼꼼히 살펴보자.

누적수익률 대비 최근수익률

수익률을 살필 때는 누적수익률 대비 최근 수익률을 비교하자. 덩치가 큰 펀드 중에 누적수익률이 높아도 최근 수익률이 낮은 상품은 최근 성과가 좋지 못한 것을 뜻한다. 이런 펀드는 대개 최근 환매하는 고객이 많아서 설정액도 감소하는 편이니 유의하자.

베타계수

펀드 수익률을 확인하면서 베타계수도 함께 살펴보자. 시장 포트폴리오의 베타를 1이라고 할 때 베타계수가 1보다 커지면 시장평균보다 펀드의 위험 및 기대수익률이 크고, 반대로 베타 계수가 1보다 작으면 위험과 기대수익률도 작아진다. 한마디로 시장이 상승장일 때는 베타계수가 1보다 큰 상품이 유리하고, 하락장일 때는 1보다 작은 것이 유리하다. 만약 현재 시장이 하락장이고 펀드수익률이 낮아서 해지를 고민 중이라면 베타계수 먼저 확인하자. 베타계수가 1보다 큰 편이라면 고민할 것도 없이 빨리 해지하는 것이 낫다.

은행 급여 입출금통장 VS.
증권사, 종금사 CMA

입사 시즌이 되면 은행에는 점심시간을 틈타 급여통장을 만들러 오는 젊은 고객들이 많이 있다. 기본적으로 통장과 체크카드, 인터넷뱅킹 가입을 한다. 재테크에 관심이 많은 고객은 일반 입출금 통장에도 높은 금리를 주고 수수료 혜택도 주는 CMA 통장 광고에 많은 관심을 갖고 내게 묻는다.

"통장은 그…… CMA? 맞죠? CMA로 만들어주세요."

그러면 나는 안타까운 감정이 듬뿍 담긴 미소를 지으며 대답한다.

"죄송한데 CMA는 증권사나 종금사에만 있는 거예요. 대신 CMA만큼 많은 혜택을 주는 통장을 소개해드려도 될까요?"

CMA는 Cash Management Account의 약자로 종합자산관리계좌, 어음관리계좌라고도 불리는데, 예탁금을 증권이나 어음에 투자한 후 그 수익금을 고객에게 돌려주는 실적배당상품이다. CMA는 수시입출금이 가능하면서 소액으로도 약 3.5%~5% 정도의 수익을 내주므로 금리가 쏠쏠하다. 나는 대학교 재학시절 한창 CMA 열풍이 불 때 얼마 안되는 돈이지만 높은 이자를 받아야겠다는 욕심에 물어물어 증권사를 찾아간 적이 있다. 그런데 그때만 해도 거래기관이 적고 수수료도 많이 발생하였으며 무엇보다 일정 시간이 지나면 출금이 되지 않아 애를 먹었던 기억이 있다. 지금은 거래기관도 많아지고 자동이체나 지로납부도 편리하게 이용할 수 있어서 과거에 비하여 매우 편리해졌다.

CMA는 적금금리 수준의 높은 금리를 제공할 뿐만 아니라 주식이나 선물옵션 등 증권사에서 직접 투자를 하는 고객의 경우에는 각종 금융거래시 더 많은 혜택과 편의를 제공받는다. 그러나 직접투자를 하지 않고 회사의 급여가 들어오는 급여통장으로만 사용하는 경우에는 은행에서 제공하는 급여 입출금 통장과의 장단점을 꼼꼼히 비교하여 본인에게 더 유리한 상품으로 가입하는 것이 낫다. 회사에서 급여통장을 특정 은행으로 지정해놓았는데 나의 주 입출금통장이 CMA라면 매달 이체를 하거나, 혹은 수수료를 부담하며 자동이체를 지정해야 하는 번거로움이 있기 때문이다.

젊은 직장인 고객을 유치하기 위한 금융권간의 경쟁이 심화되면서 제1금융권에도 일반입출금 통장에 약 2~4퍼센트의 고금리를 제공하는 상품이 속속들이 등장하고 있다. 급여이체 실적이나 평잔이 은행거래 실적으로 잡히므로 향후 대출계획이 있다면 은행급여통장을 이용하는 것이 은행거래점수를 높이는 데 도움이 될 수 있다. 등급에 따라서 대출금리 감면 등의 혜택이 주어지므로 결혼을 앞두고 전세자금대출 등 대출계획이 있다면 증권사, 종금사 CMA 보단 은행 급여 입출금 통장이 더 현명한 선택이 될 수 있는 것이다.

대부분의 고객들은 CMA는 당연히 예금자보호 상품이라고 생각하지만 그것은 착각이다. CMA 중 증권사에서 제공하는 RP형 CMA는 예금자 보호를 받지 못하는 상품이다. RP란 Repurchase Agreement의 약자로 일정기간 후에 되사는 조건으로 발행하는 채권인 '환매조건부 채권'을 뜻한다. 종금사에서 판매하는 CMA는 주로 우량한 채권이나 CPCommercial Paper(기업어음)에 투자하며 5,000만 원까지 예금자 보호 대상이다. 만약 당신이 보수적인 투자자이고 적은 돈이라도 꼭 예금자보호 대상 상품에 예치할 계획이라면 증권사 CMA가 아닌 종금사 CMA나 은행의 급여 입출금 통장을 이용하면 된다. 과거에 종금사를 인수한 몇몇 증권사에서는 종금형 CMA를 판매하고 있으니 주거래 증권사를 바꾸는 것이 번거롭다면 미리 확인해보는 것이 필요하다.

그리고 CMA 광고 중에 "단 하루만 맡겨도 연 4%의 금리 제공"이란 광고를 보고 아주 소수이지만 100만 원을 예치하면 하루에 4만 원의 이자가 붙는다고 오해하고 찾아오는 고객도 종종 있었다. 그러나 위 광고에서 주목할 것은 단 하루만이 아니라 '연' 4%이다. 하루를 맡기면 연 4%의 365분의 1인 약 0.01096%의 이자가 붙는다. 얼핏 이자가 낮아 보이기도 하지만, 일반 적금이나 정기예금에 1년 동안 목돈을 맡겨도 비슷한 금리 제공에 중도해지이율 규제까지 있는 것을 감안하면 CMA나 급여 입출금 통장은 여전히 무척 매력적인 상품이 아닐 수 없다.

無 보험 VS.
의료실비보험

보험 상품은 질병이나 사고에 대비하기 위하여 꼭 가입해야 한다고 생각하는 사람도 있다. 그러나 수십 년간 돈을 불입하고도 유독 내가 걸린 질병만 보험금 지급 예외 대상이었다거나, 보험사에서 느닷없이 고지 혹은 통지의무를 위반했다며 보험금을 지급하지 않는 사례가 적지 않게 일어난다.

사실 간단히 말하면 통장에 돈이 써도 써도 부족하지 않을 만큼 많다면 보험은 가입할 필요가 없는 상품이다. 신경 써서 살펴보아야 할 부분이 많고, 납입 시에도 실효나 부활, 해지 조건이 일반 금융상품보다 까다로우며, 보험금을 지급 받을 때도 각종 서류 등 복잡하게 제출해야 할 것이 많다. 보험 약관만 보더라도 눈이 뱅글뱅글 돌아가니 말이다.

그러나 우리의 미래는 한치 앞도 알 수 없는 비실체적이고 무형적인 것이다. 내 통장에 무한정의 여웃돈이 쌓여있는 것이 아니라면, 이왕이면 한 살이라도 어려서 보험료에 대한 부담이 적고 보험가입 거절 대상이 될 확률이 낮은 때 시작하는 것이 낫지 않겠는가.

나이가 들수록 뜻하지 않은 사고, 특히 갑작스런 질병에 대한 걱정이 늘어나며 심란해 하기보다 '나는 최소한의 보장은 받을 수 있으니까.'라고 마음 편하게 생각할 수 있지 않겠는가. 이러한 마음가짐으로 보험에 가입하려면 일단 보험을 재테크 수단이 아닌 말 그대로 보험의 용도로만 생각해야 한다.

은행 동기들 간에 각자 어떠한 보험 상품에 가입되어 있는지 물은 적이 있었다. 실제로 각종 금융상품의 홍수에 빠져 있는 은행원들은 최소의 비용으로 최고의 수익률과 보장을 제공하는 상품들을 공부하는 것으로 그치지 않고 주변 은행원들에게 각종 정보를 구하고는 한다. 특히 보험은 상품 구성도 워낙 다양한 데다 개개인간에 호불호가 많이 갈리는 편이다. 그럼에도 불구하고 대부분의 은행원이 입을 모아서 꼭 가입해두어야 한다고 말하는 보험이 바로 의료실비보험이다.

의료실비보험은 보험 계약 당시 약정한 금액을 지급하는 것이 아닌, 계약당시 약정한 금액을 한도로 실제 부담한 의료비의 전부 또는 일부를 지급받는다는 큰 위력을 갖고 있다. 생명보험사의 건강보험은 (최초) 진단비와 수술비, 입원비 등을 정해진 한도 내에서만 지원해준다. 만약 암에 걸렸다면 최초 암일 경우는 상관없지만 재발 시에는 대개 진단비에 대한 보장도 받지 못하고, 통원치료를 하며 항암주사만 계속 맞아야 하는 경우에도 항암주사비용은 수술비용이 아니란 이유로 보장에서 제외된다. 이러한 순간에 의료실비보험을 하나 가입해두었다면 부족한 병원비를 보충할 수 있다. 이처럼 의료실비보험은 암이나 감기 같은 크고 작은 질병과 상해사고, MRI와 CT 촬영 등 각종 검사비와 주사비용까지 다양한 영역을 보장해준다. 다만 임신, 출산 관련 사항과 건강검진, 예방접종, 미용성형 및 영양보충 등의 부분은 보장해주지 않는다.

이처럼 의료실비보험 또한 자세히 살펴보면 주의할 점이 많다는 것을 절감하게 된다. 특히 건강보험 혜택을 받지 못하는 상태, 즉 의료실비보험에 가입하고 보험료는 계속 지불하고 있으나 내가 해외로 유학을 갔거나 다른 사유로 해외에 거주 중일 경우에는 질병에 걸렸다 하더라도 의료실비보험을 청구할 수 없다.

집안의 웃어른들이 암이나 심장질환 등 특정질병에 많이 걸리셔서 고생을 하셨다는 이야기를 어렸을 적부터 들어왔다면 의료실비보험뿐만이 아닌 생명보험사의 건강보험도 필수적으로 가입해두는 것이 낫다. 그러나 위에 말했던 것처럼 보험은 '재테크'의 수단이 아닌 말 그대로 철저하게 '비용'으로 이해해야 하는 것이다. 보험은 매달 정기적으로

납부해야 하며, 가입기간도 꽤 길다. 위험 보장에 대한 값을 미리 지불하는 것이므로 나중에 암이나 기타 특정 질병에 노출될 확률이 매우 적은 편이라면 건강보험에 돈을 낭비하기보다는 다른 '투자형' 상품에 가입하는 것이 낫다. 이러한 판단은 신중하게 본인 스스로 내려야 한다.

또한 일반적인 건강보험 같은 정액보상보험은 여러 보험회사의 상품에 중복 가입했다 하더라도 모두 보상 받을 수 있지만 의료실비보험은 중복혜택이 불가능하다. 예를 들어 2개의 의료실비보험에 가입한 상태에서 1천만 원짜리 수술을 받는다면 각 보험사에서 1천만 원씩 2천만 원을 보장해주는 것이 아니라, 각각 5백만 원씩만 보장해준다. 실비보험은 말 그대로 실비만 보장해주는 것이기 때문에 보험금으로 이득을 얻어서는 안 되기 때문이다. 따라서 의료실비보험에 중복 가입하는 것은 보험료를 낭비하는 것이 되므로 혹시 부모님이 나를 위하여 미리 가입해둔 의료실비보험이 있는지 가입 전에 반드시 확인해보도록 하자.

가계부를 아직 작성해보지 않은 당신이라면 잘 모르겠지만 가계부란 똑같은 돈을 200퍼센트 영리하게 이용하는 데 필수적인 요소이다. 당신이 무절제하게 소비하지 않는 나름 알뜰한 사람인데도 불구하고 수입과 지출이 명확하게 파악되지 않는 것도 대부분 가계부를 작성하지 않기 때문이다. 매일 꼼꼼히 가계부를 작성하는 여자들은 대개 성격이 철두철미하거나 전업주부라서 상대적으로 시간이 여유 있는 경우가 많다. 그렇다면 시간이 상대적으로 부족한 데도 불구하고 가계부를 잘 쓰는 여자들은 어떤 여성들일까?

사람들은 제품이 출시될 때 제일 먼저 구입해 평가를 내린 뒤 주변에 제품의 정보를 알리는 사람들을 얼리어답터라고 부르고, 금융계의 얼리어답터들이 극찬하는 신제품 중에 하나가 은행의 가계부 어플이다. 수입과 지출내역을 하나하나 기록해야 했던 과거와는 달리 금융거래내역과 연동되어 자동으로 기록되고, 스마트폰으로 들고 다니면서 확인 가능하다. 요즘에는 인터넷으로 접할 수 있는 포털 사이트의 가계부도 금융거래내역과 연동되는 경우가 많다.

나는 수입과 지출내역은 이틀에 한 번 꼴로 가계부 어플을 통해 손쉽게 확인한다. 그리고 매월 1일에 한 번, 31일에 한 번 엑셀프로그램을 이용하여 수기로 목표중심형가계부를 작성한다. 엑셀 가계부는 한 달 동안의 수입과 지출을 한 번에 파악할 뿐만 아니라 다음 달의 지출목표를 세우는 도구이기도 하다. 다음 달의 지출목표는 지켜질 수도 있고 그렇지 않을 수도 있다. 한 가지 분명한 것은 지출목표를 세우지 않은 달은 쓸데없는 곳에 낭비벽이 심해졌단 것이다.

나의 자산 포트폴리오에서 내 삶의 중장기적인 발전을 위해서 꼭 필요한 지출은 자기계발비와 품위유지비이다. 나는 정신적, 시간적, 물질적인 여유가 없는 달은 책을 읽는 것도 귀찮고 미용실 한번 가는 것도 사치로 느껴지지만 아무리 힘들어도 지출목표에 넣고자 노력한다. 은행에서 만난 진짜 부자 여자들은 아무리 지출할 곳이 많다고 해도 예외 없이 자기 자신에게 하는 투자는 아끼지 않았다. 그것은 나에 대한 투자자금을 목표로 설정해놓으면 그 외의 핸드폰요금, 전기요금처럼 아껴 쓸수록 이득인 비용은 의식적으로 더 절약하기 때문이다. 따라서 가계부는 기록보다는 목표가 중심이 되는 도구인 것이다. 사실 효율적 자산관리는 무작정 아끼는 것보다는 꿈을 이루기 위한 자기관리 측면에서 접근하는 것이 맞다. 부자 여자들이 자산을 잘 축적하면서도 자기관리에 소홀하지 않는 것은 그래서이다.

고정지출(자동이체)						비고정지출								
1년대비자산		10년이상자산		보장자산		자기계발비			품위유지비			생활비		
	지출		지출		지출	목표	지출	비고	목표	지출	비고	목표	지출	비고
적금		저축보험		생명보험		독서			기초화장품			통신(핸드폰/인터넷)		
펀드(평가액)		연금보험		실손의료보험		외국어			색조화장품			식비, 외식비		
주식(현재가)				운전자보험		운동			헤어살			여가생활비(영화)		
						영양제			의상			교통.자동차관리비		
												전기.도시가스.수도		
												병원/약		
합계		합계		합계		합계			합계			합계		

위의 표는 지출내역을 고정지출과 비고정지출로 나누고 고정지출은 1년 대비 자산, 10년 이상자산, 보장자산으로 비고정지출은 자기계발비와 품위유지비, 생활비로 나눈 가계부이다.

1년대비자산은 최소한 1년 이상 두어야 한다는 것이지 1년이 되었을 때 해지해야 한다는 것은 아니다.

연금보험은 일정기간 불입 후 55세 혹은 45세부터 연금으로 받는 상품인데 이 또한 최초로 보험료를 납입한 날로부터 중도해지일 혹은 만기일이 최소한 10년은 되어야지 이자소득세가 비과세가 되므로 10년 이상자산으로 두었다.

보장자산은 저축이 아닌 비용으로 이해해야 하는 보험상품들이다.

비고정지출 중 생활비는 매달 지출하지만 금액이 변동 가능한 비용들이다. 특히 전기, 도시가스, 수도요금이나 핸드폰요금 자동차 관리비와 같은 비용은 최대한 아끼도록 노력하자. 가계부를 정리하는데 생활비가 무절제하게 지출되고 있다면 반성하고 다음달 생활비 목표를 줄이는 것이 필요하다.

나는 한 달에 오직 나만을 위한 투자금을 설정해놓는다. 의식적으로 서점에 들려서 책을 사가지고 나오면 돈이 아까워서라도 읽게 되고 '귀찮은데 올해는 그냥 작년에 입던 옷 입지, 뭐.'라는 마음속의 유혹을 뿌리치고 쇼핑을 나간다. 요즘은 여자가 아닌 남자들마저 수분크림을 바르고 다이어트를 하는 자기관리 시대이다. 제 2외국어도 습득해야만 살아남는 무한경쟁시대이며, 외국어는 꾸준히 트레이닝하지 않으면 눈에 띄게 실력이 퇴보한다. 건강관리도 필수이다. 절약은 반드시 가져야 하는 올바른 습관이지만 적어도 자기관리가 나의 몸값으로 이어지는 20대와 30대 때만은 가계부의 지출내역에 자기관리비용을 과감히 투자해야 한다.

chapter 7

세상의 모든 여자는 충분히 사랑받을 자격이 있으나, 다만 이성의 눈으로 바라보았을 때 '사랑받을 자격이 있는 사람'이 되지 못해서 지금껏 해왔던 연애에 실패했다는 것을 알지 못한다. 이런 경우에는 내가 가진 아름다움을 기존과는 다른 관점에서 드러내 보임으로써 차원이 다른 연애를 또다시 시작할 수 있다. 주변의 지인들에게 많은 연애상담을 해주면서, 자신이 가진 것보다 더 근사하고 멋진 남자들만 만나는 여자들에게서 일련의 동일한 점들이 있음을 알아챌 수 있었다. 그녀들에게는 평범한 것 같지만, 그녀들만의 특별하고 비범한 매력이 있었다.

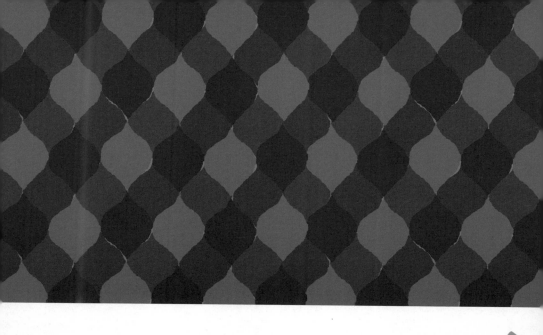

사랑만으로 혹은 돈만으로
결혼할 수 있다는 착각에서 벗어나라

사랑한다는 것은 관심interest을 갖는 것이며, 존중respect하는 것이다.
사랑한다는 것은 책임감responsibility을 느끼는 것이며 이해하는 것이고,
사랑한다는 것은 주는 것give이다.

• 에리히 프롬 •

남자를 사로잡는
여우 같은 여자의 5가지 비법

G는 최근 소개팅과 맞선에 몇 번 나갔다가 무척 실망해서 돌아왔다. 주변 친구들이 하나, 둘 결혼하는 것을 보고 '나도 빨리 좋은 사람을 만나 결혼해야지.'라고 다짐했지만, 소개팅과 맞선에 나오는 남자들은 하나같이 예전에 만나던 남자들보다 성격적으로나 조건적으로 뒤처지는 남자들이었다.

첫눈에 보고 반할 만큼 필이 통하는 상대를 기대한 것은 아니었지만, 최소한의 매너와 조건과 성실성을 갖춘 이가 나와주길 바랐다. 그러나 G의 실망을 확인사살이라도 하려는 듯, 대놓고 G의 연봉을 물어보거나 본인은 결혼 후에도 계속 맞벌이를 원한다는 이야기를 만난 지 2시간 만에 하곤 했다. 나이가 상대적으로 많은 남자일수록 매너는 더 좋을지 모르나 속내를 알 수 없게 순수하지 못하고 사랑에 대한 열정도 의지도 없이 늙수그레했다. G는 맞선이나 소개팅에서 느껴지는 부족함의 실체를 어렴풋이 알 수 있을 것 같았다. 문제는 상대방이 아닌 G에게 있다고 느꼈다. 소개팅이나 맞선을 주선해주는 사람들이 보기에 G와 비슷한 수준의 상대를 골라서 주선해주는 것일 뿐이라고. G는 본인의 문제점을 찾아 먼저 고쳐나가야겠다고 마음을 먹었다.

은행에는 유달리 싱글이 많다. 35세까지 결혼하지 않은 싱글여성을 보는 것은 어렵지 않은 일이다. 은행원은 9시부터 4시까지 고객을 대면하며 업무를 보고, 4시부터 7시까지는 마감업무를 쉬지 않고 한다. 근무량이 많은 날은 10시까지 야근을 하는 경우도 종종 있다 보니, 주말에는 누구를 만나고 싶지도 않고 아무 말도 하지 않고 오로지 잠만 자고 싶다. 상대적으로 월급이 많은 직종이기도 하고 평일 저녁이나 주말에 어디를 잘 나가지도 않으니 월급은 차곡차곡 통장 안에 쌓이게 된다.

'역전의 여왕'이라는 드라마가 한창 인기를 끌 때 여주인공이 남자주인공을 유혹하기 위하여 일부러 잔고가 가득한 통장 여러 개를 떨어뜨리는 장면이 히트를 친 적이 있다. 사회가 급변하기 시작하면서 예전에는 여자만 남자의 경제력을 중요시 여겼지만 요즘에는 남자도 여자만큼 상대의 능력과 경제력을 중요시 여기는 듯하다. 상황이 이렇다 보니 나는 누군가가 소개팅이나 맞선을 나간다고 하면 '일단 만나자마자 테이블 아래에 실수인 척 통장을 떨어뜨려.'라고 우스갯소리로 장난을 치곤 한다.

그러나 20대인 당신은 아직 실감 못 할 수도 있겠지만 부부의 인생을 두고 경제력은 매우 중요한 요소이긴 하나 절대 전부가 될 수는 없다. 단순히 경제적 능력이 뛰어난 상대와 결혼한다고 해서 행복한 여자가 된다면 재벌에게 시집간 여자 연예인들은 모두 세상에서 가장 행복한 여자여야 했을 것이다. 그러나 실제로는 이혼율도 높고 꼭 그렇지만도 않은 것을 보면 결혼을 통한 행복에는 다른 노하우가 있는 것도 같다.

Y는 뭐 하나 모자란 것 없는 남자였다. 부유한 집안에서 부족한 것 없이 자랐고 부모님은 Y를 위해서 좋은 아파트 2채와 자동차를 마련해 주셨다. 자상하지만 남자다운 성격으로 분위기를 리드할 줄 알고, 공부를 열심히 하여 의사가 되었지만 늘 겸손해서 사람들에게 좋은 인상을 남겼다. 그런데 결혼 적령기가 된 Y는 짝을 찾지 못했다. 꽤 괜찮은 집안의 여자와 맞선을 보고 5번 이상 만났다고 들었는데 그 뒤로는 소식이 없어서 연락을 해보았더니 그만 만나기로 했단다. 이유인즉슨, 명품을 잘 모르는 자기가 보아도 딱 알 수 있는 유명 명품 가방을 만날 때마다 바꿔서 메고 나오는 것을 보면서 이 여자는 아니다 싶었다고 한다. 다른 모든 것이 마음에 들었지만, 돈이 많고 적음을 떠나서 경제 개

념이 없는 지나치게 사치스러운 여자와는 평생 함께 살 자신이 없었다고 한다.

정답부터 이야기하자면, 개념이 제대로 박힌 진짜 괜찮은 남자는 여자의 집안이 얼마나 부유한지 여자의 연봉이 얼마나 되는지를 중요시 여기지 않는다. 이론적인 말로 들리겠지만 남녀 관계에서 중요한 것은 내가 먼저 '사랑받을 자격이 있는 사람'이 되는 것이 최고의 원칙이라 할 수 있겠다. 화려한 겉치장과 뒷배경으로는 돈을 좋아하는 남자들의 호기심을 끌 수는 있겠지만 모든 것을 갖춘 진짜 괜찮은 남자와 평생 배필이 되기는 어렵다.

세상의 모든 여자는 충분히 사랑받을 자격이 있으나, 다만 이성의 눈으로 바라보았을 때 '사랑받을 자격이 있는 사람'이 되지 못해서 지금껏 해왔던 연애에 실패했다는 것을 알지 못한다. 이런 경우에는 내가 가진 아름다움을 기존과는 다른 관점에서 드러내 보임으로써 차원이 다른 연애를 또다시 시작할 수 있다. 주변의 지인들에게 많은 연애상담을 해주면서, 자신이 가진 것보다 더 근사하고 멋진 남자들만 만나는 여자들에게서 일련의 동일한 점들이 있음을 알아챌 수 있었다. 그녀들에게는 평범한 것 같지만, 그녀들만의 특별하고 비범한 매력이 있었다. 이 글을 읽는 당신이 이미 당신의 여성적인 아름다움을 100퍼센트 다 발휘하는 여자이지 말란 법은 없다. 그러나 그에 미치지 못한다고 생각한다면 그녀들의 특징을 닮고 배우면 될 것이 아닌가! 그래서 아래 '남자를 사로잡는 여우 같은 여자의 5가지 비법'이 쓰이게 되었다.

▶ 대개 눈물이 많다는 것은 감정적이고 나약해 보인다. 그러나 결정적인 순간에 흘리는 눈물만큼 여자를 아름답게 만드는 것도 없다. 슬픈 영화를 보고 한껏 감정이입이 되어 한 방울 뚝 흘리는 눈물은 이성적이고 논리적인 남자의 마음을 흔들게 마련이다. 남자는 어렸을 적부터 울지 말고 강해야 한다는 환경에서 자라나기에 힘들고 슬퍼도 내색을 하지 못한다. 마음이 따뜻한 여자를 보면 그 포근한 마음에 한껏 기대고 싶은 것이 남자이다. 그렇다고 아무데서나 질질 짜고 우는 여자가 꼭 마음이 아름다운 것은 아니다. 눈물을 통해서든지 그 외의 다양한 방법을 통해 나의 따뜻한 마음을 드러내 보이도록 노력하자.

▶ 남자는 정복욕이 있어서 쉽게 가질 수 있는 것에는 흥미를 금방 잃어버리는 것을 흔히 볼 수 있다. 보이스카우트 캠프에 가보면 게임에서 이기는 자만 야식으로 초코파이를 제공받는다는 것에 사력을 다해 냇물 위의 통나무를 건너고 미친 듯이 달리는 단원들을 볼 수 있다. 그냥 툭-하고 초코파이를 던져줬으면 먹지 않았

을 남학생들도 분명히 있었을 것이다. 대부분의 남자의 경우, 여자와의 연애와 결혼에서도 행복을 찾지만, 연애가 시작되기 전 아슬아슬한 밀고 당기기 기간에 상대를 제일 많이 그리워하고 생각하게 된다. 이 때 남자가 여자를 사랑하는 마음이 많이 커져 있지 않으면, 그 뒤에 그 마음을 늘리는 것은 몇 배로 어렵다. 여자의 아름답고 따뜻한 마음을 실컷 드러내 보여야 하나, 그 다음 할 일은 절대 그 마음을 쉽게 주지 말아야 한다. 이는 너무 쉽게 사랑에 빠지고 이별을 하여 서로 상처를 입기 쉬운 요즘 세상에, 신중하게 사랑을 시작할 수 있는 기회를 주기도 한다.

▶ Smile의 어원은 다름 아닌 Miracle로서 웃으면 기적이 일어난다는 뜻이다. 어떠한 상황에서도 아름다움을 잃지 않으며 크고 작은 기적을 불러일으키는 여자에게 빠지지 않는 것이 바로 '미소'이다. 평범한 외모에 승산이 없다고 판단을 하여 성형수술을 고려하기 전에, 미소 짓는 연습부터 먼저 하자. 미소의 중요성을 알면서도, 정작 가장 아름다운 표정을 갖기 위해 거울을 보고 홀로 트레이닝하는 여자는 거의 없다. 평소 좋아하는 예쁜 연예인의 사진을 옆에 두고 그 눈빛과 미소를 닮기 위해 노력하다 보면, 어느 순간 한결 밝고 부드러운 이미지를 가진 나를 발견할 것이다. 한 가지 팁을 덧붙이자면 고객 응대 서비스가 중요한 은행에서는 말끝에 소

리 나지 않게 '이'를 붙여서 쉽게 웃는 얼굴을 만들고는 한다. 즉, "감사합니다(이)." "안녕하세요(이)."와 같이 말 끝머리에 '이'를 붙이면 저절로 예쁘게 미소짓는 얼굴이 되기 때문이다. 성형수술은 눈, 코, 입의 완벽한 비율을 갖춘 얼굴이 되기 위하여 필요한 게 아니라, 더 호감 가는 얼굴을 만들기 위해 출발한 것이다. 끊임없는 미소 트레이닝 후에도 무언가가 부족해 보인다면 그때 성형외과를 찾아가도 결코 늦지 않다.

▶ 남자는 시각에 약하고 여자는 청각에 약한 동물이라고 한다. 마음에 드는 남자의 시선을 끌기 위해서는 나에게 걸 맞는 실루엣의 옷을 입고 헤어스타일링을 하는 것이 필요하다. 사람마다 자신에게 어울리는 스타일이 다르고, 그에 따라 어울리는 스타일링도 다르다. 그러므로 모델을 기준으로 삼아 나는 너무 통통하다든지 못생겼다든지 하면서 실망할 필요는 없다. 흥미로운 것은 한 가지 스타일만 고집하기보다 여러 가지 스타일에 도전해보는 여자가 더욱 매력적이란 것이다. 잡지나 패션TV를 통하여 다양한 트렌드를 공부하면서 자신의 외모를 업그레이드하는 여자들은 결국 점점 더 아름다워지게 되어 있다.

▶ 알파걸과 슈퍼우먼이 사회에서 성공한 여자라고 생각한다. 그래

서 남자처럼 자신의 의견을 똑부러지게 피력하고 뭐든지 못하는 것 없이 척척 해내는 여자들이 인정을 받는다. 그러나 '모난 돌이 정 맞는다.'고 성별을 떠나서 지나친 강단은 화를 불러일으키는 경우가 많다. 중요한 것은, 당당한 알파걸과 슈퍼우먼으로 거듭나되, 부드러움을 갖춘 여자가 되는 것이다. 나이가 적건 많건 부드럽게 자신의 의견을 드러낼 때 효과적인 것이 바로 애교와 아양이다. 이제 여자의 가장 큰 장점인 애교와 아양을 부리고 표현하는 일에 조금 더 너그러워지자. 일상에서 섬세하고 온화한 여자의 강점을 부각시키려는 노력은 남자를 내 옆으로 불러오는 신기한 주술이다.

내게 퍼준 남자 내 옆에 있고,
내가 퍼준 남자 나 떠난다

L은 얼마 전 연애를 시작하면서 남자친구와 좋은 뮤지컬도 보고 맛있는 음식점도 찾아다니는 재미에 푹 빠졌다. 성격도 잘 맞고 나를 배려해주는 남자친구가 하루가 다르게 예뻐 보이기 시작했다. 둘 다 일정한 수입이 있는 직장인 신분이었으므로 L은 데이트 비용의 반은 본인이 부담하고자 늘 노력했다. 처음에는 L의 마음을 예쁘게 보고 고마워하던 남자친구가 어느 순간부터 L이 데이트 비용을 반반 부담하는 것에 대하여 당연하게 여기는 것처럼 보였다. 그는 본인의 의상이나 취미생활에는 목돈을 잘 썼지만 여자친구의 생일이나 기념일에는 선물을 잘 하지 않았다. L의 가장 친한 친구는 남자친구가 데이트 비용의 많은

부분을 부담하고 선물도 곧잘 해주는 것을 옆에서 지켜보면서 점점 속상해지기 시작한 L은 친구들에게 자신의 고민을 이야기했다.

"데이트 비용을 반반 부담하는 게 속상하다고? 야야. 요즘이 어떤 시댄데 그래. 남녀평등시대야. 여자가 능력 있으면 여자가 더 쓰는 거지. 당연한 거 아니야?"

"근사한 선물? 남자친구한테는 십자수 해주면서 여자들은 샤넬백 바란다더니. 뭘 그런 거 가지고 속상해 하니?"

이 정도의 충고로 끝나는 친구는 그나마 나은 편이었다. 아예 L이 철없는 고민을 하고 있다고 여기며 대꾸도 안 해주는 사람도 있었다.

그들에게 L의 입장을 더 이야기해보고 싶었지만 쌀쌀한 반응에 특별히 할 말이 생각나지 않았다. 사실 L의 처음 생각도 친구들과 같았고 따지고 보면 그들의 말에 틀린 부분이 없기 때문이기도 했다. L은 더 이상 이 문제에 관해 생각하지 말자라고 결론을 내렸지만 섭섭한 마음이 드는 것은 어쩔 수 없었다.

사실 이 문제에 정답은 없다. 연인 간에 혹은 부부 간에도 경제적 능력과 소비에 대한 가치관이 다르기 때문이다. 예전에 비해서 확실히 경제적 부담을 공평하게 나누어갖자는 목소리가 커지고 있는 것은 맞고, 젊은 세대의 사고방식은 더 개방적이다. 물가는 오르고 데이트 비용을 서로 협력 하에 지출하는 것은 맞지만, 남자이든 여자이든 한쪽이 비용

부담에 불만을 갖고 있다면 둘의 관계는 서서히 소원해지기 쉽다.

어렸을 적 거북이 2마리를 키운 적이 있다. 몸집이 큰 녀석의 이름은 똘똘이였고 몸집이 작은 녀석의 이름은 똘만이었다. 어항에 먹이를 던지면 똘똘이는 꼭 똘만이의 등을 밟고 올라가서 자기 혼자 먹이를 독차지 하고는 했다. 똘만이는 똘똘이에 비해 성장이 더뎠고, 마음이 아팠던 나는 먹이를 줄 때도 물을 갈아줄 때도 항상 똘만이를 먼저 챙겼다. 아래층에 사시는 할머니께서 자식들에 관한 이야기를 쭉 늘어놓으시다가 솔직하게 고백하시길 '열손가락 깨물어 더 아픈 손가락 있다.' 하신 적이 있었는데, 똘만이가 나에게 그런 존재였다. 물질적, 정신적 정성을 쏟으면 쏟을수록 똘만이에 대한 사랑은 커져만 갔다.

누군가를 사랑하고 아낀다는 것이 단순히 정신적 사랑만으로 채워진다고 생각하는 것은 곤란하다. 여행 계획을 세우는 데도 비용이 문제고 공부를 시작하려고 하는 데도 돈이 얼마나 드느냐부터가 먼저 화두인 세상이다.

데이트 한 번을 하더라도 양쪽 다 마음이 편하게 경제적 부분에 관하여 이야기를 터놓는 것이 필요하다. 서로 죽고 못 살아 결혼하기로 마음먹은 예비 신랑 신부들이 결혼 직전 예단과 예물 문제로 크게 싸우고 파혼하는 경우가 종종 있는 것을 보면 얼마나 중요한 문제인지 잘 알 수 있다. 돈 문제로 절대 서로의 감정을 상하게 하는 일 따위는 피하고 싶은가? 우리의 사랑이 그런 세속적인 것 따위에 휘둘리는 것을 참을 수 없는가? 경제적 문제 이전에 남자가 나를 얼마나 많이 사랑하고 여자의 재정적, 감정적 부분을 배려하는지 알려면 먼저 그의 사랑을 두텁게 만들어야 한다.

남자는 자신이 투자를 많이 한 여자에게 더 마음이 가게 되어 있다. 그의 생각과 그의 지갑과 그의 열정이 오로지 나를 향하고 있는 것을 확인한 후에, 나의 생각과 나의 지갑과 나의 열정을 오픈하여도 결코 늦지 않다.

예민한 독자들은 눈치 챘을지도 모르겠다. 더 좋은 선물을 받고 더 비싼 식사를 얻어먹기 위하여 나의 지갑을 늦게 열라는 것이 아니라, 그의 마음이 나에게 집중할 수 있는 시간적 여유를 주기 위하여 나의 지갑을 늦게 열라는 의미라는 것을 말이다. 보통은 사랑이라는 것이 아낌없이 퍼주고 배려해주는 모성애적인 성격을 갖고 있다고 여기는 것이 일반적이다. 그러나 사랑이라는 것은 일방통행으로 가면 짝사랑으로 끝나고 마는 것이다. 심정적인 것이든 물질적인 것이든 한쪽이라도 최선의 것을 주고받는 노력을 게을리 한다면 그 관계는 소원해지기 마련이다.

사랑받는 여자들은 언제나 남자에게 고마워하는 마음을 갖고 있다. 그리고 그 마음이 너무 커져서 주체를 못하는 시점이 오기 마련이다.

그때는 남자친구에게 꼭 필요한 선물을 센스 있게 건넬 줄도 알고, 자신이 더 많이 데이트 비용을 지불해도 된다.

화분에 물을 주어 꽃이 예쁘게 자라도록 노력하듯이 상대의 사랑이 무럭무럭 자랄 수 있도록 현명하게 처신하는 것이 마땅하다. 사랑은 저절로 자라는 것이 아니라 예쁘게 가꾸어나가는 것이다.

급하다고
아무거나 먹으면 체한다

　결혼 적령기가 되면 다급해진다. 나를 좋아해주는 남자는 많아도, 나에게 청혼하는 남자는 많지 않다. 나이는 차오르고 주변에서 결혼하라고 성화를 하면 분별력이 떨어진다. 결혼이란 '결혼적령기에 옆에 있는 사람과 하는 것'이란 말이 괜히 생긴 것이 아니다. 친구들은 하나둘씩 결혼하고 내 옆에 있는 남자가 결혼이라는 의사를 피력해오면, 이 남자와 헤어지고 다른 남자를 만나기란 쉽지 않다. 하물며 맞지 않는 취향과 성격에 수십차례 싸우고 '절대 이 남자랑은 결혼 안 할 거야.'라는 생각을 스멀스멀 해왔다 하더라도 '그래, 그래도 이 남자는 몇몇 가지의 장점이 있잖아.'라고 갑자기 장점이 부각되어 보인다. 그리고 정신차려보면 딴딴따단 식장에 서서 혼인서약하는 자신을 발견한다. 나는 절대 아닐 것 같다고? 집에 가서 엄마한테 한번 물어봐라. 결혼이란 순식간에 지나가는 바람과 같은 것이다.

취업스터디그룹에서 6개월 동안 공부한 L양은 여자친구가 있는 K군을 좋은 남자로 점찍었다. 스터디 시작하기 전과 후에 항상 여자친구에게 어디 있는지 보고를 하고, 주말이면 이색적인 데이트 장소를 물색하는 모습이 참 자상해 보였다. 이런 좋은 남자친구를 두고 항상 불만에 가득 차서 싸움을 걸어온다는 그 여자친구가 절대 이해되지 않았다.

취업 시즌이 끝나고 다행히 멤버 모두 굴지의 대기업에 입사에 성공한 후 마지막 모임을 갖는 날, K군은 독종이란 여자친구와 헤어지고 싱글이 된 후였고, L양과 K군은 2주 뒤에 커플이 되었다. 그러나 시간이 흐른 후 L양은 왜 K군의 전 여자친구가 그렇게 싸움을 걸어왔는지 알게 되었다. K군은 연락하라고 닦달하지 않는 이상 절대 먼저 연락을 하지 않았고, 데이트도 미리 준비해오라고 엄포를 놓지 않는 이상은 항상 멀뚱멀뚱 모든 것을 L양에게 맡겼다. 이런 사실을 L양은 전 여자친구의 입장이 되고 나서야 깨달았고 매일 싸움을 반복했다.

둘 다 직장생활을 한 지 3년이 지나자, 장남에 지극한 효자로 빨리 결혼을 해야 했던 K군과 K군의 부모님은 결혼을 서두르셨고, 마침 직장생활에 염증을 느꼈던 L양은 나이도 점점 먹어가고 결혼이라는 변화도 나쁘지 않겠단 생각에, 얼떨결에 결혼을 했다. 그저 내 옆에 있고, 나와의 결혼을 원하고, 경제적 조건이 나쁘지 않다는 이유에서 말이다. 그리고 L양은 여전히 남편이 된 K군의 무관심과 무책임함에 치를 떨며 싸움 중이다.

이 두 커플은 알아온 기간이 무려 3년 반이다. 혹자는 결혼 전 적어도 몇 년 이상의 연애기간을 가져야 한다, 오랫동안 사귀면 서로에 대해 잘 알 것이므로 더 잘 먹고 잘 살 확률이 높다고 생각한다. 그러나 한 가지 분명한 사실이 있다. 오래 알았다고 해서 남편감이 아닌 남자가 유산균 효소 발효되는 것처럼 점점 진보하여 남편감으로 진화하지는 않는단 것이다. 처음부터 아닌 사람은 아니다. 누런 싹은 빨리 자를수록 좋다.

연애결혼보다 더 문제 되는 것은 중매결혼이다. 물론 아닌 경우가 더 많지만, 연애결혼에 비해 조건을 먼저 보다가 낭패를 보기가 쉽다. 특히 여자는 남자의 연봉과 자산에 많은 가산점을 준다. 물론 자산이 풍부하고 여유로우면 결혼 생활도 윤택해진다. 모두 다 먹고 살기 힘들 때 결혼하셨던 부모님 세대 때에는, 돈 때문에 힘들고 돈 때문에 이혼을 하는 경우도 꽤 있었다. 하지만 G20가입국에 경제대국 11위가 된 대한민국의 요즘은 옛날과는 다르다. 엄청난 사업실패로 부도가 나서 이혼을 하지 않는 한, 성격적 차이로 이혼하는 경우가 훨씬 더 많다.

결혼하고 싶은 남자에 대한 이상형은 물론 각자 다 다르다. 결혼해서 잘 살지 못 살지는 아무도 모른다. 하지만 이것 하나만은 잊지 말자. 절대 등 떠밀려 결혼하지 말라. 결혼 적령기가 되었다고 해서 조급해 하거나, 예전에는 쳐다도 보지 않았을 남자에게 한없이 관대해지지는 말라. 여자는 크리스마스 선물과 같아서 24세가 지나면 가치가 뚝뚝 떨어진다느니 하는 조크는 그저 조크로 화답하라. 젊은 여성은 싱싱하고 통통 튀는 순수함이 있다. 서른이 넘으면 또 그대로의 성숙한 여유와 아름다움이 있다. 그대는 그대 존재 자체만으로도 충분히 반짝반짝 빛나고 아름답다. 나이는 허울에 불과하다.

이제 주변의 시선에서 한결 자유로워지자. 가족이라 할지라도 당신의 인생을 대신 살아줄 수 없다. 가족과 친구도 결국은 주변인에 불과하다. 당신 인생의 주인은 바로 당신이다. 모든 의사결정의 책임은 그대가 지는 것일진대, 인생을 통째로 좌우할 수도 있는 결혼을 대충 해버릴 순 없지 않는가?

아름다움은 그대가 그대를 아름답다고 믿을 때에만 빛을 발한다. 급할수록 호흡을 길게 가지자.

연애는 아름다운 오해,
결혼은 참혹한 이해

    내가 다니는 회사에는 유독 여자가 많다. 입사 1~2년차의 연봉은 그냥 그렇지만 과장급 이상이 되면 연봉은 고액으로 뛴다. 독하게 일하여 성공한 싱글 과장님이나 팀장님은 퇴근도 늦고 악착같이 일하지만, 육아와 가정생활을 병행하는 여직원들은 다람쥐 쳇바퀴 같은 고민을 반복한다. 힘들게 회사에 다니는 것이 더 행복할까? 집에서 전업주부로 쉬는 것이 더 행복할까? 특히 1세에서 7세의 자녀를 가진 직원일수록 같은 고민을 하루에도 서너 번은 더 하는 것 같다.

    세계 1~2위를 다투는 수입 주류회사에서 능력을 인정받으며 승승장구하는 Y는 지난 2년 동안 모은 돈이 없다는 것을 깨달았다. 아이를 돌볼 수가 없으므로 친정어머니가 돌봐주시는데 어머니 용돈으로 한 달에 70만 원에서 100만 원씩 드린다. 어린이집에 맡기기엔 딸이 너무 어리고 면역력도 약하다. 어린 나이에 어린이집에 들어가면 처음 몇 달간은 감기를 달고 살고 잔병치레가 많아지는 경우가 부지기수다. 무엇보다 믿을 수가 없다. 한겨울에 아이를 발가벗겨서 어린이집 베란다에 내놓거나, 말도 못하고 누워 있는 아이에게 온 힘을 다하여 꿀밤을 때린다든지 하는 일들이 가끔씩 일어나기 때문이다. 물론 내 자식 키우기도 힘든 세상에 어린이집 선생님 한 명당 5~10명의 아이를 돌봐야 하는 구조 자체가 문제이기는 하지만, 그래도 내 자식이 제일 소중하고 귀한 것이 엄마의 마음 아니겠는가? 이것이 바로 요즘 어쩔 수 없이 친정엄마에게 내 자식을 맡기는 이유이다.

그런데 문제는 또 돈이다. 월급을 200~300만 원 받아도 친정엄마에게 용돈을 드리고, 아이 기저귀값, 분유값 내고, 회사 다니면서 최소한의 품위유지비와 교통비 등을 해결하고 나면 남는 돈은 쥐꼬리다. 여기에다가 회사에서 쏟아지는 각종 압박으로 인한 감정적 스트레스까지 합친다면 '이것은 마이너스 인생이다.'라는 회의감에 빠진다. 그러면서 하루에도 몇 번씩 '때려 치워? 말아? 때려 치워? 말아?'를 반복하게 된다. Y는 무엇보다 딸과 매일 함께 할 수 없는 것이 아쉽다. 아프기라도 하면 직접 병원에 데려가지도 못하니, 일하고 있어도 아이가 안쓰러워

눈물이 찔끔찔끔 난다고 한다.

　이쯤 되었으면 Y는 회사를 그만두어야 하는 것이 아닐까? 그러나 많은 슈퍼우먼들이 결단을 쉽게 내리지 못하는 것은, 문제는 지금이 아니라 5년 후이기 때문이다. 5년이 지나면 아이들은 초등학교에 입학한다. 그리고 학원을 다닌다. 어린이집과 유치원을 지나 본격적인 사회에 입성한다. 요즘 아이들은 성장이 빨라서 특히 남자아이들 같은 경우는 10세만 되어도 엄마의 손길보다 친구를 더 좋아한다. 넘쳐나는 자녀교육 서적에도 불구하고 아이들은 학교에서 또래집단에서 인격형성의 영향을 더 많이 받는다. 이때쯤 되면 많은 전업주부들이 '직장에 다니고 싶다.' 혹은 '창업을 하고 싶다.'라는 생각을 하지만 약 10년의 공백기를 가지고 있는 전업주부가 선뜻 뛰어들 만큼 사회는 또 호락호락하지만은 않다.

　많은 여성들이 결혼생활 중에 이러한 고민을 덜기 위해서는 20대 중반부터 나는 언제 어디에서 최대한의 행복을 끌어낼 수 있는 사람인지에 대해 진지하게 고찰해야 한다. 전업주부도 훌륭한 직업이다. 남편이 가장 필요로 하는 것은 아내의 따뜻한 손길 아니겠는가? 맞벌이가 아닌 외벌이 가정의 남편일수록 책임감도 확실히 더 강하다. 만약 전업주부의 길이 본인에게 맞다고 판단된다면, 결혼 전 연인에게 분명히 의사를 전하라. 그리고 함께 결혼 계획을 설계하라. 명문대를 졸업하고 대기업에 근무하는 전문직 남편을 만나 전업주부의 길로 들어선 가정주부 D양이 결혼 3개월 만에 남편에게 '나가서 돈 좀 벌어 와라.'라는 소리를 듣고 직장을 알아봤다는 것이 이상하게 들리지 않는다. 결혼 전 분명한 자기분석과 계획이 세워져 있지 않다면 취업 후 결혼, 그리고 퇴직, 몇 년 후 재취업을 위하여 이리저리 기웃거리는 악순환이 반복된다.

전업주부와 슈퍼우먼. 이 둘을 이분법적으로 나누고 '무엇이 더 행복한 길일까?' 고민하는 것은 시간 낭비다. 환경이 문제가 아닌 본인의 성향이 가장 중요하다. 일의 성취감이 나의 행복과 더 가까운가? 알뜰살뜰한 엄마의 향기가 폴폴 풍기는 가정이 나의 행복과 더 가까운가? 지금까지 걸어온 3분의 1의 인생을 찬찬히 곱씹어봐라. 이 결정은 그대가 평생 내려야 하는 몇 안 되는 가장 중요한 결정 중 한 가지가 될 것이다.

회사에서 치열하게 직장을 다니는 그대, 아직도 전업주부에 대한 아쉬움이 남는가? 집에서 전업주부로 활동하고 있는 그대, 일거리만 있으면 돈을 벌고 싶은가? 이제는 서로가 서로를 부러워하는 딜레마를 끊을 때가 되었다.

chapter 8

여자는 한 살 한 살 먹어갈수록 추억을 통해 과거에 했던 경험과 매 순간 느꼈던 감정을 자꾸 떠올리게 된다. 새로운 인간관계를 맺어도 소유한 물건이 동일하냐를 넘어, 어떠한 인생을 살아왔으며 어떠한 경험을 해왔느냐로 공감대를 형성하게 된다. 단순히 많은 경험을 했다고 해서 품위가 쌓이고 저절로 연륜이 높아진다면, 다양한 인생을 경험하는 영화배우나 연극배우들은 모두 행복할 것이다. 그러나 결론적으로 말하자면 경험이란, 내가 직접 선택하고 판단하며 오감을 통하여 느꼈을 때 진짜 나의 것으로 체화하게 된다.

20~30대는 복리에 투자하는 때가
아니라, 나의 몸값을 높이는 시기다

그대의 도전을 존중하라,
어둠의 딱지를 붙인 공간이
실은 밝은 빛으로 그대를 데려가는 곳이니.

• 사냐 로만 •

어차피 나에게 할 투자라면
1초라도 먼저 하라

학습기기 광고 중에 유명한 카피가 있다. 짝꿍이 전교 1등에게 공부 비법을 묻자 전교 1등은 시니컬하게 '그냥 열심히 하는 거지, 뭐.'라고 답을 한다. 부모님은 그 광고를 보면서 자식들에게 '저봐, 저봐, 그냥 무조건 열심히 공부하는 거야.'라고 혼내시곤 했다.

간신히 대학의 문턱을 넘었다고 해도, 직장인보다 더 바쁜 대학생들은 장학금을 받으려고 열심히 공부하고 과외를 뛰면서 자격증을 취득하고 공모전을 나가며 부지런히 스펙을 쌓는다. 입사 후에도 승진을 위한 외국어 공부와 자격증 취득에 열을 올린다. 조기교육 열풍이 불면서 요즘은 초등학생들도 학원 1~2개는 기본이요, 3~4개까지 거뜬히 소화해내야만 하는 시대가 왔다.

이렇게 열심히 살아왔는데 막상 대학교 4학년이 다가오니 취업에 대한 두려움에 벌벌 떨게 되거나, 30세가 넘어가는 데에도 변변하게 이뤄놓은 것 하나 없다고 생각되면 인생이 캄캄하게 느껴진다. 이쯤 되면 '좀 더 열심히 살았을 걸 혹은 나는 어떤 재주도 재능도 없어.'라는 자괴감에 빠져 허우적댄다. 그러나 안타깝게도 세상은 성실하게 살았다고만 해서 혹은 재능을 가졌다고만 해서 이에 상응하는 보상을 주지는 않는다. 노력한 것에 비하여 더 많은 것을 성취하는 사람, 가진 재능은 미천한데 크게 성공하는 사람들은, 급할 때일수록 한 발 뒤로 물러서서 자신의 부족함을 보충해가는 전략을 갖고 있는 여성들이다.

K대학에 진학한 D양은 요즘 영어의 중요성을 절감하고 있다. 학교에서 진행되는 해외탐방에 지원하려고 해도 영어성적 보유자가 우선으로 뽑히고, 졸업 후 입사하고 싶은 기업의 인턴십에도 영어회화 가능자가 우대라고 한다. 방학 두 달 동안 나름 한다고 토익공부를 했지만 점수는 그냥 그렇고, 남들 다 간다는 어학연수도 비용이 만만치 않다. 이러지도 저러지도 못하고 방황하다가 '그래, 이런 정신 상태로는 휴학하고 영어공부 해봤자 큰 성과도 없을 거야. 괜히 돈과 시간만 낭비하는 거지, 뭐.'라며 결론을 내리고 학교생활만 열심히 했다. D양은 어차피 떨어질 거라는 자신감 상실로 해외탐방과 기업 인턴십도 열심히 준

비하지 않았고, 떨어진 후 다음 학기에 또 모집한다는 공고를 봤지만 그 때는 아예 지원조차 하지 않았다. 시간은 흘러 4학년 1학기를 목전에 두었고 이젠 정말 토익점수 없이는 아무 것도 할 수 없는 때가 되자 휴학을 하고 미친 듯이 토익점수 따기에만 매달렸다. 입사 지원 1단계에서 필터링 되지 않을 정도의 점수를 획득한 그녀는 '휴우~' 한숨을 내쉬고 이제는 부랴부랴 토익 스피킹 준비를 시작했다.

반면 D양의 같은 과 친구인 B양은 D양보다 영어공부의 중요성을 더 절실히 절감했다. 문과 출신임에도 불구하고 수학보다 항상 더 낮았던 영어실력이 언젠가 내 인생의 발목을 잡을 거라는 불길함이 엄습해왔다. 회사 취업을 위한 토익점수도 중요하지만, 무엇보다 외국인 친구와 자연스럽게 대화하는 해외 고등학교 출신 과동기가 그렇게 부러울 수 없었다. 어학연수를 목표로 그녀는 악착같이 아르바이트를 해서 비용의 절반을 마련했고 부모님께 절반은 도움을 받았다. 호주에서의 연수기간 내내 열심히 외국인 친구들을 만나고 쉴 틈 없이 TV 프로그램을 보았다. 회화공부뿐만 아니라 틈나는 대로 토익 단어도 외웠다. 그렇게 1년이 지나고, 그녀는 웬만한 의사표현은 영어로 할 수 있게 되었다. 모의 토익 리스닝 점수도 점차 높아졌다. 무엇보다 아름다운 호주에서의 외국인 친구들과의 멋진 교류는 그녀 인생에 무엇과도 바꿀 수 없는 소중한 자산이 되었다.

한국에 돌아오자마자 B양의 대학생활은 말 그대로 승승장구였다. 해외탐방 기획서를 몇 주 동안 고심하여 만든 친구들은 갓 어학연수에서 돌아와 뜨끈뜨끈한 회화실력을 갖고 있는 그녀에게 함께 팀을 구성하자고 제안하였다. 인턴도 고스펙이 아니면 뽑지 않는다는 A자동차 인턴십 면접에서 대학교 2학년인 그녀의 900점을 가뿐히 넘는 토익성적은 확 눈에 띄었다. 다양한 국제 교류 프로그램에서 활동하며 봉사활동 경력도 쌓고 영어실력도 유지해나갔다. 어학연수 전에는 과외자리도 별로 없어서 닭갈비집에서 서빙 아르바이트를 했지만, 토익점수가 생기자 영어 과외를 시작했다. 무엇보다 그녀는 남들이 취업고민에 가장 골머리를 썩는 시점인 4학년 1학기에 치열한 취업관문을 뚫고 A자동차에 특채로 입사할 수 있었다. D는 입사 후에도 뛰어난 영어실력을 인정받아 노른자위 해외영업팀에 바로 배정받았다는 B의 소식을 듣고 멍해졌다. 같은 학교 같은 학과에 고만고만한 영어실력을 갖고 있던 B양과 D양의 4년 전과 현실 사이의 간극은 D에게 적잖은 충격이었다.

성공을 거머쥔 사람들은 24시간을 쪼개고 쪼개서 쓰는 듯하다. 1인 3인 역할을 충분히 해내고 부가가치를 창출해낸다. 그러나 성공과 실패의 차이를 가르는 요인이 단순히 투자된 시간과 정비례한다면, 노력하는 사람은 누구나 다 성공해야 하는 것 아닌가? 성공을 가름하는 것은, 자신의 현재 부족한 점을 냉철히 판단할 줄 아는 전략적 사고이다. 더불어 그것을 보충하기 위하여 시간과 돈을 과감히 투자할 줄 아는 결단성이 함께 요구된다. 이는 시간 투자 이전에 반드시 선행되어야만 한다. 조기 투자에 대한 보상은 대개 몇 곱절의 결과로 보답된다.

자신의 단점을 콤플렉스로 방치하지 않고 장점으로 바꾸고자 하는 적극적 의지와 행동이 필요한 때다. 내 삶에 과감히 쉬는 시간을 만들고, 물질적 정신적 투자를 하며 부족한 점을 보충해나갈 때만, 인생은 업그레이드된다.

대학원 가? 말아?
갑자기 공부가 너무 하고 싶을 때

A는 대학원 진학으로 자신의 삶이 크게 변화할 거라고 생각하지 않았다. 그저, 대학교 때 전공공부가 무척 재밌었으므로 공부를 조금만 더하면 행복하겠다고 기대했을 뿐이었다. 부모님께 취업이 아닌 대학원 진학에 대한 의지를 밝히고, 국내 몇몇 대학원에 입학 허가를 받아 놓았다. 해외 대학원으로의 진학 또한 고민하였지만 TOEFL, GRE, GMAT 등의 영어점수뿐만 아니라 고액의 학비와 생활비를 감당할 자신이 없어서 국내 대학원 진학을 고려하는 모양이었다.

대학에서 비슷한 가치관과 생활양식을 가진 또래들과만 인간관계를 맺어오던 그녀는 이제까지와는 전혀 다른 배경을 가진 다양한 사람들을 만나게 되었다. 이미 남편과 자식이 있는 가정주부인데 뒤늦게 공부에 대한 의지가 불타올라 학교로 돌아온 박사과정 선배님도 있었고, 낮에는 IT 계열 회사에 재직하면서 밤에는 대학원을 다니는 40대의 남자 과장님도 계셨다. 글로벌 외식업체에 근무하다가 회사를 아예 관두고 휴식 겸 재충전을 위해서 대학원에 진학한 깜찍하고 아름다운 외모의 여자 동기도 있었다. 그러나 대부분의 동기들은 대학 졸업 후 취업과 대학원 진학 사이에 갈등하다가 대학원 진학으로 결심을 굳히고 들어온 경우가 절반 이상이었고, 대학원 진학에 대한 확신이 별로 없어 보였다. 한 학기가 지나고 2학기가 되었을 때 A는 함께 입학한 동기의 3분의 1이 휴학을 결정했다는 이야기를 듣고 깜짝 놀랐다.

요즘 여성들의 공부에 대한 욕심이 점점 증가하는 추세이다. 얼굴도 예쁘고 공부도 잘하는 알파걸들이 대세인 만큼 언젠가는 대학원에 진학하여 나의 지식의 폭을 확장시키고자 하는 욕심을 갖지 않은 여성은 흔치 않다. 그러나 집안 형편이 어려워서, 공부가 꼭 필요치 않아서, 경력이 끊길까 봐, 졸업 후 나이만 들고 취업이 잘 되지 않을까 봐 등의 이유로 대학원 진학을 꺼리는 여자들도 꽤 있다. 일단 한번 대학원의 맛만 봤다가 별로인 것 같으면 그만두지라고 말하는 여자들은, 대학졸업 이후 시작하는 공부에는 많은 기회비용이 존재하므로 신중하게 선택해야 한다는 것을 알아야 한다. 무엇보다 나이 들어서 하는 공부는 취미가 아니라 직업과도 같아서 무척이나 고독한 싸움이다.

그럼에도 불구하고 대학원 딱지는 평생 유용하게 쓰이는 경우가 많다. 요즘처럼 너나없이 자신의 몸값을 올리기 위하여 자기계발에 열중하는 시대에는 비슷비슷한 실력과 스펙을 갖고 있는 사람들이 너무나 많다. 결국 많은 비용과 시간을 들여 취득한 대학원 졸업장을 갖고 있는 여자들이 더 많은 기회에 노출되고 승진 등에서도 뒷심을 발휘하기 마련이다. 그 기회를 위해서라도 대학원 진학을 권한다. 다만 나의 커리어 목표를 명확히 하고 그에 따라 대학원 입학 방법을 달리 결정해야 한다.

내가 아는 S는 대학교 3학년 때부터 대학원 진학을 고민하였다. 과수석도 두 번이나 할 정도로 성실하고 머리도 좋아서 학과 교수님들도 공부를 더하기를 적극 권유하였다. 그러나 그녀는 공부를 많이 하고 교수가 되는 것보다는 회사에 취직하여 세계를 누비는 글로벌 CEO로 우뚝 서겠다는 강한 의지가 있었다. 일하고 싶은 글로벌 기업의 여성 간부들의 자서전을 탐독하며 프로필을 연구하여 보니 대부분 MBA라는 학위를 갖고 있었다. 또한 유명 글로벌 기업에서는 우수한 사원을 매해 1~2명 선발하여 유학을 보내주는 프로그램을 갖춘 것을 알았다. 그녀는 B 컨설팅펌 입사 후 주말마다 GMAT과 TOEFL 학원을 다니며 영어점수를 따놓았고 이듬해 미국 아이비리그에 있는 한 대학의 MBA 과정에 학비, 생활비를 전액 지원 받으며 의기양양하게 입학하였다.

대학원에 진학한다는 것의 의미는 그저 공부를 조금 더 하는 즐거움을 얻고자 하는 데서 그치는 것이 아니다. 박사과정까지 마치면 교수에 지원할 수 있는 자격이 주어지고, MBA를 취득하면 회사의 우수 인재 풀에 들어가게 된다.

많은 시간강사들의 애환을 다룬 뉴스기사와 다큐멘터리 프로그램을 보면 대학원 생활이 얼마나 힘든 싸움인지 잘 알 수 있지만, 교수가 되고 나면 하고 싶은 연구도 실컷 할 수 있고 푸르른 캠퍼스에서 젊은 학도들을 가르치며 평생 싱그러운 마음으로 살 수 있다. 예전에는 교수 임용도 해외파 박사들만 인정하는 분위기였지만 최근에는 교수 선정 과정이 많이 투명해지면서 논문을 많이 쓰고 실력을 인정받은 국내대학 출신의 박사들이 속속 교수에 임용되는 것을 볼 수 있다. 회사에서 제공하는 MBA 프로그램의 학생으로 선발되면, 금전적 지원을 충분히 받으면서 지친 회사생활 중에 재충전 기간을 갖게 된다.

대학원에 진학한다는 것은 단지 공부를 연장하는 것이 아닌 내 미래의 뚜렷한 목표와 비전을 공고히 하기 위한 초석이 되어주는 일이다. 단지 호기심이나 확실치 않은 진로 유예기간을 연장하기 위해서 입학하게 된다면 금방 휴학이나 자퇴를 하게 되는 것을 흔히 볼 수 있다.

학력 인플레이션이 심화되고 학력이 곧 경쟁력인 시대를 살면서 대학원의 학과와 커리큘럼은 점점 더 다양화되고 세분화되고 있다. 예전과는 달리 스펙관리가 나의 브랜드를 결정짓는 시대를 살면서 대학원 진학은 한번쯤은 고려해볼 만한 기회이다. 여자이기 때문에 대학원까지는 공부할 필요가 없다고 생각하는 여성이 없기를 바란다. 젊었을 때 공부를 미리 많이 해두는 것은, 나의 브랜드를 옐로우칩에서 블루칩으로 바꿀 수 있는 훌륭한 삶의 전략이다.

늦었다고 생각할 때가
가장 빠른 때다

　아직 취업준비 중이거나 직장 초년병인 여성들은 실감하지 못할 수
도 있겠지만 '직업'이란 한번 한 길로 들어서면 웬만한 각오와 손실 없
이는 바꾸기 힘든 가장 중대한 선택 중 하나이다. 2~3년, 혹은 10년 근
무 후 직업을 바꾸려고 할 때, 가족부터 친구까지 모두 말리는 이유도
그 때문이다. 늦은 나이에 직업을 바꾸고 성공하여 만족스런 삶을 살아
내는 소수의 여성들은 한마디로 독한 여성들이다.

　취업이나 이직 시 면접만 가면 떨어지는 여성은 대개 말솜씨나 외모
가 부족할 거라고 추측된다. 그러나 스펙이 남들보다 뛰어난 것도 아니
고, 눈에 띄게 예쁘고 아름다운 외모를 가진 것도 아니면서 면접에 척

척 합격하는 여성들이 분명 존재한다. 이들의 합격 노하우가 무엇인지 궁금하여 본인에게 직접 물어보면, '그저 운이 좋았어요.'라고 손사래를 치며 본인도 이유를 정확히 모르는 경우가 부지기수다.

S전자에서 10년간 인사팀장으로 근무하고 취업컨설턴트로 맹활약 중인 J이사는 이들의 합격 노하우는 '행복의 아우라'라고 단정 지어 말한다. 대개 '면접장에 들어서는 순간 5초의 첫인상이 중요하다.'고 이야기 한다. 이 말은 5초 동안 행복의 에너지가 발산되느냐 안 되느냐를 보는 것이며, 잘 웃는 사람을 면접관들이 좋아한다는 말은, 이 행복의 아우라가 면접이 다 끝날 때까지 지속될 수 있는지를 본다는 것이다. 여기에 자신의 부족한 경력을 '밝고 긍정적인 미래'와 연계지어 자신감 있게 말할 수 있다면 반드시 뽑고 싶은 인재로 탈바꿈하게 된다고 귀띔해주었다.

2년 동안 잘 다니던 외국계 T항공사를 갑자기 그만 둔 R양. 그녀는 6개월의 공백기간을 가진 후, 영국 계열 금융회사, 패션회사 임원 비서로 업계와 직종을 3~4개월마다 바꾸다 보니 어느덧 29세가 되었다고 했다. 그러다 보니 R양은 취업 스트레스에 시달렸다. 공백기가 많은 것도 문제였지만 한 회사에 진득하게 다니지 못하는 끈기 없어 보이는 경력이 면접에서는 치명타로 작용할 것임이 자명했다.

다행히도 여러 직종을 전전하며 호텔이나 리조트 회사에서 일하고 싶다는 목표가 생겼고, 소수를 겨냥한 럭셔리 리조트클럽 C에서 마케팅 직원을 모집한다는 공고를 보았다. 마케팅부서 근무 경력이 전무한 그녀였지만 과감히 지원하였고 면접에서 높은 점수를 획득하며 쟁쟁한 해외파들을 제치고 합격하였다. 열심히 근무하며 능력을 인정받아 과장으로 승진한 그녀는, 지금은 오히려 다른 호텔에서 그녀를 업계 최고의 연봉으로 스카우트하려는 연락이 온다고 한다.

그녀의 독특한 이력을 본 취업컨설턴트 J이사는 C리조트클럽 인사팀장에게 과거 도대체 왜 그녀를 뽑았었는지 물어본 적이 있다.

"음, 그녀는 면접 내내 자신감이 있었고 무엇보다 부족한 스펙에도 불구하고 행복해 보였어요. 마케팅 부서 경력 하나 없이 주눅들 만한데도 자신의 짧고 짧은 경력들이 마케팅 부서에만 근무하거나 해외 MBA 다녀온 것보다 더 큰 도움이 될 거라고 자신 있게 말하더군요. 항공사 근무 경험을 통해서 다양한 외국인들을 접하였고, 외국인들이 어떤 리조트를 가고 싶어 하는지 어떤 서비스를 받고 싶어 하는지 자연스럽게 공부가 되었대요.

주류회사와 철도회사 임원 비서직을 통해서는 상위 0.1퍼센트의 사회 지도층들이 어떤 가치관과 여가생활을 하는지 정확히 꼬집어낼 수 있는 능력을 길렀다고 하더라고요. 마케팅은 창조적인 분야인데, 자신은 공백 기간 동안 많은 인문학 및 경영서적을 섭렵하면서 창의성을 발굴하였다고 당당히 이야기했고요. '도대체 저 자신감의 근원은 무엇일까?' 라는 의문이 들었어요. 무엇보다 주눅 들지 않고, 29세 늦은 나이지만 이제라도 자신의 모든 열정을 다 쏟을 수 있는 분야를 찾았기에 자신은 매우 행복하다는 긍정적인 대답이 임원진 마음에 쏙 들었던 것 같습니다."

　대학을 졸업하면 학교 동기들 간에도 취업한 회사의 규모와 초봉에 따라 호불호가 갈린다. 내가 진짜 하고 싶은 일이 무엇인지 도무지 알 수가 없어서 초봉이 높고 남들이 가장 인정해주는 곳에 첫 직장을 잡았으나, 도저히 이 길이 아니라는 생각이 든다면 과감히 터닝어라운드 하라. '최소한 3년만 참아보라.' 라는 말은 '최소한 3년 참고 30년 더 다녀라.' 라는 말이지 3년 뒤 경력을 재설계하라는 말이 아니다. 어설프게 3년 보내고 나면 내가 진짜 하고 싶은 업계에 신입직으로 지원하기에는 나이가 많고, 경력직으로 지원하기에는 관련 경력이 전무하여 합격하기가 힘들다.

　만약 하고 싶은 일이 분명히 정해졌으나 경쟁이 굉장히 치열하여 입사하기가 어렵다면, 중소기업에서 시작하여 경력직으로 이직하는 것도 좋은 방안이다. 이 경우에는 경력과 연봉 모두 인정받을 수 있다.

　여행가, 작가, 해외 구호단체 팀장으로 전 세계를 누비는 유명인 H씨도 항상 만면에 미소가 가득하고 행복해 보인다. 베스트셀러 작가로서 많은 수입을 거두었지만, 그녀의 웃음은 결코 돈 때문만은 아닐 것이다. 위험한 곳을 많이 돌아다니기에 가족들의 걱정이 끊이지 않지만, '이 일이 내 가슴을 뛰게 하기 때문에 현장에서 죽어도 여한이 없다.'는 그녀의 삶은 참 행복해 보인다.

명품백을 사지 말고
여행을 떠나라

'아는 만큼 보이고 보인만큼 느낀다.'라고 했다. 누가 뭐래도 사람은 경험한 만큼 알 수 있고 느낀 만큼 살아가게 마련이다. 경험을 통한 자연스러운 품위가 몸에 밴 여자는 함부로 할 수 없는 그녀만의 카리스마가 있다. 카리스마 charisma의 어원 구조는 2가지로 유추될 수 있는데, 매력을 뜻하는 Charm의 어족으로서 외모와 인격, 품위와 태도를 아우르는 매력적인 아우라를 의미하기도 하고, 보호를 의미하는 Care가 어원으로서 신께서 믿음이 있는 자를 보호 care하려고 주신 은총 grace을 뜻하기도 한다. 화려한 명품으로 치장하는 것을 아름답다고 생각하기 쉬운 20~30대에, 삶의 풍부한 경험을 바탕으로 타인의 심중을 배려할 줄 아는 인격적 매력과 품위를 갖추고자 노력해야 한다. 신의 은총을 받은 매력 넘치는 카리스마녀가 되라는 것이다. 품위가 없는 여자는 아무리 비싼 명품백을 매어도 그저 허영으로만 보일 뿐이다. 나이가 들어도 주름마저 아름다워 보이는 여성들처럼 미리미리 근사하게 보일 궁리를 하라. 명품백을 장만하지 못했다고 불평할 시간에 다양한 종류의 경험을 사는 것은 당신을 더욱 명품으로 만들어나가는 좋은 방법이다.

우아함의 대명사 재클린 케네디 오나시스 Jacqueline Kennedy Onassis는 최연소 영부인으로 멋지게 백악관에 입성했다. 재키 스타일로 불리는 그녀의 패션 감각과 뛰어난 외모가 케네디뿐만이 아닌 전 세계의 국민들을 매료시켰을 뿐이라고 생각한다면 오산이다. 그녀보다 젊고 아름답고 옷 잘 입는 여성들이 주위에 넘쳐났던 케네디는, 다름 아닌 그녀의 높은 문학적 취향과 유창한 프랑스어 실력에 반했다고 한다. 틈틈이 그림을 그려 그리기 실력도 뛰어났고, 기자생활을 통해 견문도 넓었다. 재클린이 케네디와 결혼했을 때는 겨우 31세에 불과했다. 20대 동안 그녀는 많은 책을 읽고, 미술관에 들려 틈틈이 그림공부를 하였으며, 틈날 때마다 꾸준히 여행을 다녔다.

교양 있는 여자는 물건이 아닌 경험에 소비한다. 그리고 그것이 자신을 더욱 행복하게 해주리라고 믿는다. 매일 매일이 그녀를 더욱 빛나는 방향으로 달라지도록 노력할 줄도 안다. 유달리 옷이나 가방, 화장품을 사는 데는 돈을 아끼지 않으면서, 외국어 공부나 여행 가는 데 돈을 아끼는 여자들이 있다. 물건은 사고 나면 구입한 즉시 가치가 떨어지기 시작하여 감가상각이 시작된다. 옷과 가방은 시간이 지나면 낡고, 무엇보다 유행을 탄다. 몇 번 입지 않아 낡지 않은 옷이라도 몇 년이 지나면 새 옷을 사고 싶지 지난 옷을 또 꺼내 입진 않게 된다. 물건은 소유와 동시에 그 만족감에 적응되어버려 시간이 지날수록 처음 느꼈던 행복감이 급하강한다. 반면 경험을 찾아다니고 경험에 집중하는 여자들은 그 순간의 행복에 집중한다. 나이가 들수록 남는 건 경험이다. 경험이 쌓여서 추억이 되고 연륜이 된다.

지난 해 휴가를 내어 11일 동안 유럽여행을 다녀온 J양의 핸드폰 배경화면은 여전히 프랑스 파리 에펠탑 앞에서 선그래스를 끼고 활짝 웃으며 찍은 자신의 모습이다. 입사한 지 3년이 지났지만 여전히 막내 노릇을 해야 하는 회사생활에 찌들고 지칠 때면 핸드폰을 꺼내어 유럽에서의 아름다운 추억을 되새기며 힘을 내곤 한다. 친구들은 고작 11일 동안 유럽 다녀오려고 그 막대한 비행기 값을 내는 것이 아까우니 가지 마라고 만류하였지만, 그녀의 판단은 지금 아니면 퇴사 후에도 그리고 결혼 후에는 더욱 갈 수 없을 것이란 것이었다. 실제로 나이가 먹을수록 통장잔고는 더 많아질지 모르나, 다양한 경험을 할 수 있는 자유의 폭은 제한된다. 퇴직 후에는 퇴직금이 더욱 소중해져서 절대 함부로 쓸 수가 없고 자녀와 남편이 생기면 혼자 유럽여행을 훌쩍 떠나는 것은 상상도 할 수 없다. 그만큼 나이와 책임감은 비례한다.

여자는 한 살 한 살 먹어갈수록 추억을 통해 과거에 했던 경험과 매 순간 느꼈던 감정을 자꾸 떠올리게 된다. 새로운 인간관계를 맺어도 소유한 물건이 동일하냐를 넘어, 어떠한 인생을 살아왔으며 어떠한 경험을 해왔느냐로 공감대를 형성하게 된다. 단순히 많은 경험을 했다고 해서 품위가 쌓이고 저절로 연륜이 높아진다면, 다양한 인생을 경험하는 영화배우나 연극배우들은 모두 행복할 것이다. 그러나 결론적으로 말하자면 경험이란, 내가 직접 선택하고 판단하며 오감을 통하여 느꼈을 때 진짜 나의 것으로 체화하게 된다.

결혼 후 아이를 낳고 엄마가 되면 우리 아이에게만은 최고의 것만을 제공해주고 싶다. 학교도 사립초등학교로 보내고 싶고 장난감이나 게임기도 제일 좋은 것으로 사주고 싶다. 그러나 아이의 행복은 엄마가 해주는 물질적인 것이 아닌 함께 공유할 수 있는 추억이라는 것을 깨닫기만 해도 가족은 더욱 행복해진다. 훗날 자녀가 성장한 뒤 "우리 엄마가 초등학교 때 WII를 선물해줬었지."라고 생각하며 행복을 느낄까. "우리 엄마랑 거실에서 땀 뻘뻘 흘리며 수상스키도 타고 테니스도 쳤었어. 그때 정말 재미있었어."라고 추억하며 행복을 느낄까.

물질적인 것에 집착하고 소유하려 하지 마라. 소유가 인생의 최고의 가치가 되면 나이가 들수록 탐욕이 얼굴에 서릴 뿐이다. 당신의 인생에 투자하는 경험을 아끼지 말라. 겸손해보이면서도 어딘지 모르게 함부로 대할 수 없는 사람, 지적이고 여유로운 여자가 되라는 말이다. 그러면 신기하게도 인생은 점점 더 행복에 가까워진다.

30세만 넘어도
체력은 뚝뚝 떨어진다

    S약국이라는 별명으로 통했던 S양은 친구들로부터 평소 유별나게 건강을 챙긴다는 소리를 듣는다. 오메가, 레시틴, 클로렐라가 담긴 영양제를 조그만 영양제통에 종류별로 넣어서 하루에 세 번씩 먹고, 주말마다 헬스클럽에 들려 틈틈이 운동한다. 편의점에 가도 다른 이들이 라면, 과자, 콜라를 먹을 때 죽이나 도시락, 우유를 챙겨 먹는다. 한창 팔팔한 20대 초중반 때부터 S양을 만나온 D양은 그녀의 유별난 건강 챙기기를 그저 유난스럽다고만 생각했다.

    S양과 친구들은 대학 졸업 후 모두 취업을 하였고, 평소 성실하고 욕심 많은 알파걸로 유명했던 D양은 열심히 노력하여 초고속 승진을 하

고야 말리라는 당찬 포부를 세웠다. 그런데 취업 두 달 만에 그녀의 계획은 삐걱거렸다. 갓 처음 배우는 업무는 두세 번을 반복해도 어렵기만 하였고, 신입이기 때문에 최소한 8시~9시는 넘어야 눈치 안 보고 퇴근할 수 있었다. 모르는 것이 있으면 주말에라도 나와서 배우라는 팀장님의 말씀에 주말에 집에 있는 것이 가시방석처럼 느껴져서 할 수 없이 쉬지도 못하고 회사에 나갔다. 무엇보다 팀장님, 차장님, 과장님, 대리님을 모시는 막내로서의 스트레스도 감당하기 어려웠다.

취업 두 달 후 오랜만에 친구들과 함께 한 자리에서 D양의 다크서클은 속칭 발목까지 내려와 있었다. 다른 친구들도 얼굴이 푸석푸석한 것이 D양과 별반 다를 바 없어보였다. 그런데 유독 S약국, S양의 얼굴만 윤기가 좌르르 도는 것이 밝게 빛났다. 전혀 피곤기 없어 보이는 S양의 모습에 회사가 도대체 얼마나 널널한 거냐며, 혹시 어디 유명한 피부과라도 다니는 건지 비결을 물었다.

"아니, 우리 회사가 널널하긴. 나 매일 10시에 퇴근하는데? 피부과 다닐 시간도 없어. 근데 평소에 틈틈이 운동해두었던 게 도움이 많이 되는 것 같아. 회사에서도 나더러 삐쩍 말라서 약해 보이는 게 은근히 강골이라고 놀라시더라고. 자취 생활 오래 하면서도 밥이랑 영양제는 꼭 챙겨먹으려고 노력했던 게 이제야 빛을 보나보다."

S양의 힘찬 대답을 멍하니 쳐다보던 D양은 이제부터라도 영양제를 챙겨먹고 운동을 해야 하나 심각하게 고민하기 시작했다.

건강은 건강할 때 지키라는 말이 있다. 나이가 들면서 혹은 스트레스가 많은 환경으로 급변하면서 우리의 건강에는 적신호가 켜진다. 내 주변에도 회사 생활 1~2년 후 건강악화로 회사를 그만두어야 할 만큼 고생한 지인이 적지 않다. 평소 남들보다 더 활달하고 건강한 그녀들이었기에 가족들의 충격은 곱절로 컸다. 대부분 정신적으로 건강하고 유쾌한 사람들일수록 건강에 자신감을 가지고 건강에 무관심하다가 큰 코 다치는 수가 많다. 신체적 건강에 투자하라. 정신적 건강이 제일 중요하지만, 정신적으로 건강하다고 육체까지 건강할 수 있는 것은 아니다.

현대사회 암 환자의 20퍼센트가 20~30대이다. 과도한 업무와 어려운 인간관계, 스트레스, 늦은 야근과 잦은 회식은 우리의 신체와 정신을 야금야금 갉아먹는다. 체력도 능력이다. 초고속 승진도 건강한 신체가 선행되어야만 도전할 수 있는 목표 아닌가. 가족이 특별한 병력이 있다면 미리미리 종합검진을 받아서 심각한 병으로 발전하지 않도록 예방하도록 하자. 종합검진은 건강을 지킴은 물론 수백~수천만 원에 달하는 수술비용을 미리 예방하기 위해서라도 꼭 필요한 것이다. 특히 여성들은 결혼 후 출산을 전후로 집안일과 육아에 지쳐 체력저하는 물론 심각한 우울증에 빠지곤 한다. 나 하나의 건강뿐만이 아니라 소중한 아이까지 잘 돌보지 못하게 되므로 이때야말로 특별한 건강관리가 필요한 때임을 명심하자.

나는 참 긍정적인 여자다. 다리를 삐끗해서 깁스를 한 적이 두 번이나 있는데 그 때마다 훨씬 더 좋은 일이 생기려는 거라고 생각했다. 사실을 굳이 말하자 면 한쪽 다리를 씻지 못해서 무척 간지러웠고 움직이지 못해서 불편했으며, 병 원비도 아까웠고, 야무지지 못하고 덤벙댄다고 부모님께 구박도 받았다. 여하 튼 '한번 더 깁스를 할래? 말래?'라고 누군가가 제안을 한다면 '절대 싫어요.' 라고 대답할 상황이었다. 그럼에도 불구하고 나는 깁스를 즐거운 경험이라고 생각했다. 어차피 벌어진 일 후회해봤자 심리적인 손해일 뿐이며 실제로 침대 에 누워있는 동안 평소 읽고 싶었던 책이나 실컷 읽음으로써 새로운 기회를 만 들고자 했다.

그런데 인생을 살면서 아무리 긍정적으로 생각하려고 해도 후회할 수밖에 없 는 재기불능의 경험이 한 가지 있다. 건강관리를 제대로 못해서 한동안 아무 것도 하지 못할 만큼 무척 몸이 안 좋았을 때가 바로 그 때다. 만약 내게 타임 머신을 타고 과거로 돌아갈 수 있는 기회가 생긴다면 나는 당첨번호를 아는 로 또와 건강, 두 가지를 택할 것이다.

건강은 운동만 열심히 한다고 해서 유지되는 것은 아니다. 영양섭취가 함께 이 루어지지 않은 운동은 칼로리 소모만 불러올 뿐이다. 하루 한두 끼밖에 제대 로 된 밥을 먹지 않는다면 부족한 영양소를 밥을 통해서든 영양제를 통해서든 보충해줘야 한다. 영양제는 일종의 약이고 인위적이기 때문에 영양과잉섭취 시대에 부적절하다고 여기지만 실은 그렇지 않다. 생각해보면 많은 20, 30대 여성들은 커피와 간식거리를 입에 달고 살지, 우리 몸에 필요한 필수영양소는 부족한 경우가 많다.

몸이 피곤하다고 느낄 때, 나는 영양제보다는 식품을 통해 자연스럽게 영양섭취를 하려고 했다가 포기한 적이 많았다. 싱싱한 과일이나 채소가 몸에 좋은 것은 누구나 다 알 일이고, 나도 열심히 먹으려고 했지만 바쁜 직장생활 중에 꾸준히 챙겨먹는다는 것은 보통 일이 아니었다. 아침에 먹는 사과 하나는 비만, 당뇨, 대장암, 고혈압, 동맥경화를 예방하고 케르세틴이라는 성분 때문에 노화도 방지한다는 것을 알고 매일 챙겨먹으려고 몇 번이나 시도했던 것이 대표적이다. 그러나 꾸준히 장을 봐오는 것도 힘들었고, 제철이냐 아니냐에 따라 사과 값이 서너 배 오르기도 했다. 무엇보다 두세 달 먹다 보니 입에 물려서 사과라면 질색하게 되었다. 이에 반해서 영양제는 입에 물리지도 않고 한 통씩 구매해놓으면 꾸준히 먹기 편하다.

아무리 현대인이 바쁘다고 해도 반드시 챙겨먹어야 하는 영양제로 의사들이 꼽는 2가지가 '종합비타민제'와 '오메가3'이다.

무엇보다 인체 안에서 자가적으로 만들어지지 않기 때문에 반드시 식품으로 섭취해야 하는 오메가3는 DHA성분이 두뇌와 눈의 건강을 촉진시키고, 혈액순환, 골다공증, 피로회복 등에 효과가 좋다. 오메가3는 원료가 소형물고기인 것이 좋은데, 멸치, 전갱이, 인초비처럼 먹이사슬 가장 밑에 있는 것을 고르도록 하자. 가격이 너무 저렴한 것은 중금속이 다 걸러지지 않을 수 있으니 주의해야 한다.

종합비타민제는 합성비타민Synthetic vitamins과 식물성 원료를 많이 사용한 천연 비타민Natural Vitamins으로 나뉘어져 있다. 천연 비타민은 채소·곡물 등 천연 소재 비타민을 추출한 것이고, 합성 비타민은 원유 정제 과정에서 부산물로 얻어진 화합물을 원료로 하고 있다. 이는 원료명 및 함량 부분을 일일이 체크하여 구별할 수 있는데, 비타민 E가 d-알파-토코페롤이라고 써있으면 천연, dl-알파-토코페롤이라고 써있으면 합성이다. 또한 합성감미료(아스파탐)와 인공방부제(구연산등)이 함유되어있지 않으면 천연이라고 한다. 천연 비타민은 흡수율이 높지만 가격이 비싸고, 합성 비타민은 흡수율은 떨어지지만 가격이 싼 장점이 있다고 하니 현명하게 따져보고 구입하자.

영혼이 꽉 찬 여자로
사는 법

　어린 시절 즐겨보던 책이 있다. 600만 명의 동족이 학살당한 유태인들이 전 세계에 뿔뿔이 흩어졌다가 재기해, '가장 똑똑한 민족'으로 평가받으며 수많은 월드 리더를 배출한 지혜를 모은 《탈무드》다. 이 책에는 5,000여 년에 걸쳐 남긴 지혜와 교훈 중 하나로 '사람이 상처 받는 이유' 세 가지에 대한 이야기가 등장한다. 그 세 가지란 바로 '고민', '불화', 그리고 '빈 지갑'이다.

　난 어린 나이였지만, 상처받지 않는 삶을 살기 위해서는 이 세 가지를 내 인생에서 철저히 피해가야 한다고 생각했던 것 같다. 고민과 불화가 없어도 지갑이 비어 있으면 상처를 받겠다 싶었고, 반대로 지갑이 꽉 차 있어도 고민과 불화가 있으면 불행할 것이라고 생각했다. 그래서 이 세 가지를 내 삶에서 의식적으로 몰아내고, 상처를 받지 않는 삶을 살아내는 것이 내 삶에 대한 스스로의 의무이자 예의라고 믿었다. 그리고 어느덧 서른을 넘긴 나는 '돈을 아는 여자들'을 닮고 싶어 그녀들의 특징을 세분화하고, 공부하기 시작했다. 아마 어린 시절의 내 생각이 이러한 공부의 밑바탕이 되지 않았나 싶다.

내가 생각하는 '상처를 받지 않는 삶'이란 이런 것이다. 인간인 이상 상처를 받지 않고 살 수는 없지만, 대신 언제든 상처를 즐겁게 맞아들일 수는 있다는 것. 10대 후반에 사회에 뛰어들어 사업에 성공한 CEO든, 나보다 더 빠른 암산 실력을 뽐내던 60대의 사모님이든, 감색정장을 너무 멋지게 소화해냈던 내 또래 30대의 커리어우먼이든, 누가 봐도 멋지고 부유한 삶을 사는 대한민국의 그녀들 중 상처로부터 자유로운 이는 단 한 명도 없었다.

고민이든 불화든 빈 지갑이든, 가만히 있어도 나를 괴롭히는 수많은 삶의 고비로부터 오늘도 마음 한 구석에 남모를 상처를 안고 있을지도 모를 당신이, 상처 자체를 너무 부끄러워하지 말길 바란다. 진짜 '돈을 아는' 여자는 자본주의 시대에서 저 세 가지 중 그나마 빈 지갑이 가장 해결하기 쉽다는 것을 일찌감치 깨닫고 즐거운 마음으로 열심히 돈을 공부하는 그녀들이었다. 그런 그녀들은 현명하고, 행복하며, 영혼이 꽉 찬 아름다운 여자들이었다.

우리는 언제든지 상처를 즐겁게 맞이하며 행복한 삶을 살아내겠다는 목표를 마음속 깊이 심어놓고, 더 많은 성취를 이룰 수 있도록 자산을 관리해나가야 한다. 《돈을 아는 여자가 아름답다》는 이렇게 같은 돈으로도 더 많은 행복을 사는 여자들의 이야기를 담아내, 당신도 그런 여자가 될 수 있도록 돕기 위해 쓴 책이다.

마지막으로 감사의 말로 책을 마무리하려 한다. 미완의 원고를 낱낱이 읽고 출판을 결정해준 쌤앤파커스 관계자분들께 진심으로 감사드린다. 사랑하는 가족과 항상 곁을 지켜준 오랜 친구들, 일일이 이름을 거론할 수 없는 지인들에게도 이 기회를 빌려 깊은 존경과 감사를 전한다.

멈추면, 비로소 보이는 것들
혜민 지음 | 이영철 그림 | 14,000원

관계에 대해, 사랑에 대해, 인생과 희망에 대해… '영혼의 멘토, 청춘의 도반' 혜민 스님의 마음 매뉴얼! 하버드 재학 중 출가하여 승려이자 미국 대학 교수라는 특별한 인생을 사는 혜민 스님. 수십만 트위터리안들이 먼저 읽고 감동한 혜민 스님의 인생 잠언! (추천: 쫓기는 듯한 삶에 지친 이들에게 위안과 격려를 주는 책)

김미경의 드림 온(Dream On) : 드림워커로 살아라
김미경 지음 | 15,000원

"꿈은 어쩌다가 우리에게 '밀린 숙제'가 되었을까?" tvN '김미경쇼'의 진행자이자, 국민 강사 김미경 원장의 칼칼하고 통쾌한 강의를 책으로 만난다! 이 책은 꿈의 재료와 기술, 메커니즘을 밝혀낸 대한민국 꿈의 교과서로, 꿈을 찾고 있거나 꿈 앞에서 좌절하는 모든 이에게 제대로 된 꿈을 만들고, 키우고, 이루는 기술을 알려준다.

아프니까 청춘이다 : 인생 앞에 홀로 선 젊은 그대에게
김난도 지음 | 14,000원

180만 청춘을 위로하다! 이 시대 최고의 멘토, 김난도 교수의 인생 강의실! 저자는 이 책에서 불안하고 아픈 청춘들에게 따뜻한 위로의 글, 따끔한 죽비 같은 글을 전한다. 스스로를 돌아보고, 추스르고, 다시 시작하게 하는 멘토링 에세이집. (추천 : 인생 앞에 홀로서기를 시작하는 청춘을 응원하는 책)

나는 다만, 조금 느릴 뿐이다
강세형 지음 | 14,000원

안 아픈 척, 안 힘든 척, 다 괜찮은 척… 세상의 속도에 맞추기 위해, 그렇게 어른처럼 보이기 위해 달려온 당신에게 보내는 담담한 위안과 희망. 나는 왜 이렇게 평범한 걸까, 나는 왜 이렇게 어중간한 걸까 생각해본 적 있다면, 설렘보다 걱정이 앞선다면, 이 책이 반가움과 작은 희망이 되어줄 것이다.

인생학교 |돈|
존 암스트롱 지음 | 12,000원

당신은 돈이 많은가, 적은가? 돈에 집착하는가, 아니면 무관심한가? 문제는 돈과 어떤 관계를 맺느냐다. 돈과 인생, 행복에 관한 매우 놀랍고 새로운 인사이트! 돈에 대한 제대로 된 개념정립과 철학적 고찰이 필요한 시대! 돈에 관한 본능적인 부정, 갈망과 두려움의 실체는 무엇일까? 돈은 사랑, 섹스, 인간관계에 어떤 영향을 줄까?

장사의 신
우노 다카시 지음 | 김문정 옮김 | 14,000원

장사에도 왕도가 있다! 일본 요식업계의 전설이자 '장사의 신' 우노 다카시, 커피숍의 매니저로 시작해, 200명이 넘는 자신의 직원들을 성공한 이자카야의 사장으로 만든 주인공이다. 부동산에서 가게 입지 선정하는 법, 백발백중 성공하는 메뉴 만드는 법, 올바른 접객 비법까지… 오랜 내공으로 다져진 그의 남다른 '장사의 도'를 낱낱이 전수받는다!

부자지능 : 가난하게 살 수밖에 없는 사람 vs 부자가 될 수밖에 없는 사람
스티븐 골드바트 · 조안 디퓨리아 지음 | 15,000원

부모의 재력이나 운, 화려한 스펙 없이도 최고의 자리에 오르고, 부유하고 만족스러운 삶을 사는 이들이 있다. 그들이 갖춘 능력, 그 무언가가 바로 부자지능이다. 이 책은 당신이 본래 갖고 있는 자질과 성격적 특성, 가치관을 바탕으로 물질적 · 정신적으로 부자가 되는 비밀을 밝힌다. (추천 : 돈과 친해지고, 정신적으로 풍요롭게 살고 싶은 모든 이들)

부자들은 세금으로 돈 번다
김예나 지음 | 17,000원

마땅한 투자처를 찾기 쉽지 않은 저금리 시대에 숨은 1%를 찾아내려는 노력은 투자자들에게 절체절명의 과제다. 이 책은 그런 의미에서 단 한 푼의 돈도 새어나갈 수 없도록 지키는 투자로서, 세테크에 관한 유용한 정보를 제공하고 있다. 꼭 자산이 많지 않은 사람이라도 부자들의 생생한 절세 노하우를 배울 수 있다.